El espíritu de la esperanza

Byung-Chul Han

El espíritu
de la esperanza

Contra la sociedad del miedo

Con imágenes de Anselm Kiefer

Traducción de Alberto Ciria

Herder

Título original: Der Geist der Hoffnung
Traducción: Alberto Ciria
Diseño de la cubierta: Ferran Fernández
Imagen de la portada: Anselm Kiefer

© 2024, Herder Editorial, S. L., Barcelona

1.ª edición, 2.ª impresión, 2024

ISBN: 978-84-254-5101-0

Imprenta: Gráficas 94
Depósito legal: B-3923-2024
Printed in Spain - Impreso en España

Herder
www.herdereditorial.com

Índice

Preludio 13

Esperanza y acción 37

Esperanza y conocimiento 93

Esperanza como forma de vida 117

Índice de imágenes 141

La esperanza es un afán y un salto.
GABRIEL MARCEL

Mientras aún le quede luz
a la estrella
nada estará perdido.
Nada.
PAUL CELAN

Preludio

MERODEA el fantasma del miedo. Permanentemente nos vemos abocados a escenarios apocalípticos como la pandemia, la guerra mundial o las catástrofes climáticas: desastres que continuamente nos hacen pensar en el fin del mundo o en el final de la civilización humana. En 2023, el Doomsday Clock o Reloj del Apocalipsis indicaba que faltaban noventa segundos para la medianoche. Dicen que su minutero jamás había estado tan cerca de las doce.

Parece que los apocalipsis están de moda. Se venden ya como si fueran mercancía: *Apocalypses sell*, «los apocalipsis venden». Y no solo en la vida real, sino que también en la literatura y en el cine se respira un ambiente de fin del mundo. Por ejemplo, en su narración *El silencio*, Don DeLillo cuenta la historia de un apagón total. Numerosas obras literarias nos hablan también de ascensos de temperatura y de subidas del nivel del mar. La ficción climática se ha implantado ya como un nuevo género literario. Otro ejemplo: la novela de T. C. Boyle *Un amigo de la tierra* nos narra un cambio climático de dimensiones apocalípticas.

Estamos padeciendo una crisis múltiple. Miramos angustiados a un futuro tétrico. Hemos perdido la esperanza. Pasamos de una crisis a la siguiente, de una catástrofe a la siguiente, de un problema al siguiente. De tantos problemas por resolver y de tantas crisis por gestionar, la vida se ha reducido a una *supervivencia*. La jadeante *sociedad de la supervivencia* se parece a un enfermo que trata por todos los medios de escapar de una muerte que se avecina. En una situación así, solo la esperanza nos permitiría recuperar una vida en la que *vivir* sea más que *sobrevivir*. Ella despliega todo un *horizonte de sentido,* capaz de reanimar y alentar a la vida. Ella nos regala el *futuro.*

Se ha difundido un clima de miedo que mata todo germen de esperanza. El miedo crea un ambiente depresivo. Los sentimientos de angustia y resentimiento empujan a la gente a adherirse a los populismos de derechas. Atizan el odio. Acarrean pérdida de solidaridad, de cordialidad y de empatía. El aumento del miedo y del resentimiento provoca el embrutecimiento de toda la sociedad y, en definitiva, acaba siendo una amenaza para la democracia. Con razón decía el presidente estadounidense saliente Barack Obama en su discurso de despedida: «*Democracy can buckle when we give in to fear*» («La democracia puede derrumbarse si cedemos ante el miedo»).[1] La democracia es incompatible con el miedo. Solo prospera en una atmósfera de reconciliación y diálogo. Quien absolutiza su opinión y no *escucha* a los demás ha dejado de ser un ciudadano.

El miedo ha sido desde siempre un excelente instrumento de dominio. Vuelve a las personas dóciles y fáciles de extorsionar. En un clima de angustia las personas no se atreven a expresar libremente su opinión, por miedo a la represión. Los discursos de odio y los linchamientos digitales, que claramente atizan el odio, impiden que las opiniones puedan expresarse libremente. Hoy ya nos da *miedo hasta pensar*. Se diría que hemos perdido el *valor de pensar*. Y, sin embargo, es el pensamiento, cuando se hace empático, el que nos abre las puertas de lo totalmente distinto. Cuando impera el miedo las diferencias no se atreven a mostrarse, de modo que solo se produce una prosecución de lo *igual*. Se impone el conformismo. El miedo nos cierra las puertas a lo distinto. Lo *distinto* es inasequible a la lógica de la eficiencia y la productividad, que es una *lógica de lo igual*.

1 Citado en Martha Nussbaum, *La monarquía del miedo. Una mirada filosófica a la crisis política actual*, Barcelona, Paidós, 2019.

Donde hay miedo es imposible la libertad. Miedo y libertad son incompatibles. El miedo puede transformar una sociedad entera en una cárcel, puede ponerla en cuarentena. El miedo solo instala señales de advertencia. La esperanza, en cambio, va dejando indicadores y señalizadores de caminos. La esperanza es la única que nos hace ponernos *en camino*. Nos brinda *sentido y orientación,* mientras que el miedo imposibilita la *marcha.*

Hoy no solo tenemos miedo de los virus y las guerras. También el *miedo climático* inquieta a la gente. Los activistas climáticos confiesan tener «miedo al futuro». El miedo les roba el *futuro*. No hay duda de que hay motivos para tener «miedo climático». Eso es innegable. Pero lo verdaderamente preocupante es la propagación del *clima de miedo*. El problema no es el miedo a la pandemia, sino la *pandemia de miedo*. Las cosas que se hacen por miedo no son *acciones abiertas al futuro*. Las acciones necesitan un *horizonte de sentido*. Deben ser *narrables*. La esperanza es *elocuente*. *Narra*. Por el contrario, el miedo es *negado para el lenguaje, es incapaz de narrar.*

Angustia (en medio alto alemán *angest*, en antiguo alto alemán *angust)* significa originalmente, igual que en latín, «angostura». Al constreñir y bloquear la visión, la angustia sofoca toda amplitud, toda perspectiva. Quien se angustia se siente acorralado. La angustia conlleva la sensación de aprisionamiento y encerramiento. Cuando estamos angustiados el mundo se nos antoja una cárcel. Tenemos cerradas todas las puertas que nos sacarían al aire libre. La angustia impide el futuro cerrándonos las puertas a lo *posible*, a lo *nuevo*.

Ya por la etimología del término, la esperanza es opuesta al miedo. El diccionario etimológico de Friedrich Kluge explica así la voz *hoffen*, «esperar»: «Cuando uno quiere ver más lejos o trata de ver mejor, se estira hacia delante». Por tanto, esperanza significa «mirar a lo lejos, mirar al futuro».[2] La esperanza nos abre los ojos a lo venidero. El verbo *verhoffen*, «tomar el viento», tiene aún el sentido original de esperar, *hoffen*. En la jerga de caza significa «indagar o rastrear por el viento la caza», es decir, detenerse para escuchar, para acechar, para olfatear. Por eso, se dice «el perro toma el viento». Quien espera «toma el viento», es decir, mira dónde ponerse y qué *dirección tomar*.

La esperanza más íntima nace de la desesperación más profunda. Cuanto más profunda sea la desesperación, más fuerte será la esperanza. No es casualidad que, en la mitología

---

2 Friedrich Kluge, *Etymologisches Wörterbuch der deutschen Sprache*, Berlín/Nueva York, De Gruyter, 1986, p. 313.

griega, Elpis, la diosa de la esperanza, sea hija de Nix, la diosa de la noche. Los hermanos de Elpis son Tártaro y Érebo (los dioses de las tinieblas y las sombras), y su hermana es Eris. Elpis y Eris son familia. La esperanza es una figura dialéctica. La negatividad de la desesperación es constitutiva de la esperanza. También san Pablo subraya que la negatividad es inherente a la esperanza:

> Nos gloriamos incluso de los sufrimientos, porque sabemos que el sufrimiento da firmeza para soportar, y esa firmeza nos permite ser aprobados por Dios, y el ser aprobados por Dios nos llena de esperanza. Una esperanza que no defrauda.[3]

Desesperación y esperanza son como valle y montaña. La *negatividad* de la desesperación es inherente a la esperanza. Así explica Nietzsche la relación dialéctica entre esperanza y desesperación:

> La esperanza es un arco iris desplegándose sobre el manantial de la vida que se precipita en vertiginosa cascada; un arco iris cien veces engullido por el espumaje y otras tantas veces rehecho de nuevo, y que

3   Rom 5,3-5.

con tierna y bella audacia despunta sobre el torrente, ahí donde su rugido es más salvaje y peligroso.[4]

No hay descripción más certera de la esperanza. Posee una *tierna y bella audacia*. Quien tiene esperanza obra con audacia y no se deja confundir por los rigores y las crudezas de la vida. Al mismo tiempo, la esperanza tiene algo de *contemplativo*. *Se estira hacia delante y aguza el oído*. Tiene la *ternura* de la receptividad, que le da *belleza* y *encanto*.

No es lo mismo *pensar con esperanza* que ser optimista. A diferencia de la esperanza, el optimismo carece de toda *negatividad*. Desconoce la duda y la desesperación. Su naturaleza es la *pura positividad*. El optimista está convencido de que las cosas acabarán saliendo bien. Vive en un tiempo *cerrado*. Desconoce el futuro como campo abierto a las posibilidades. Nada *acontece* para él. Nada lo sorprende. Le parece que tiene el futuro a su entera disposición. Sin embargo, al verdadero futuro es inherente la *indisponibilidad*. El optimista nunca otea una

4   Friedrich Nietzsche, *Fragmentos póstumos, vol. II (1875-1882)*, Madrid, Tecnos, 2008, p. 351 [sin renunciar a la rigurosa fidelidad al original, algunas citas de traducciones se reproducen ligeramente modificadas para homogeneizarlas entre sí o para hacerlas más comprensibles en este contexto. *N. del T.*].

lejanía indisponible. No cuenta con lo inesperado ni con lo imprevisible.

A diferencia del optimismo, que no carece de nada ni está *camino* de ningún sitio, la esperanza supone un *movimiento de búsqueda*. Es un intento de encontrar asidero y rumbo. Quizá sea precisamente por eso que nos lanza hacia lo *desconocido,* hacia lo *intransitado,* hacia lo *abierto,* hacia lo que *todavía no es,* porque no se queda en lo sido ni en lo que ya es. Pone rumbo a lo que *aún está por nacer.* Sale en busca de *lo nuevo,* de *lo totalmente distinto,* de *lo que jamás ha existido.*

El optimismo no hace falta conquistarlo. Se tiene sin más como algo obvio, igual que uno tiene su talla corporal o un rasgo personal invariable: «[El optimista] está encadenado a su jovialidad como el galeote a su remo: una perspectiva nada halagüeña».[5] El optimista no necesita razonar su actitud. En cambio, la esperanza no la hay sin más como algo obvio. *Nace.* Muchas veces hay que *suscitarla* y *concitarla* expresamente. A diferencia del optimismo, falto de toda resolución, la esperanza activa se caracteriza por su *entusiasmo.* El optimista no *actúa* de propio. Toda acción conlleva un *riesgo.* Pero el optimista no arriesga nada.

5 Terry Eagleton, *Esperanza sin optimismo,* Barcelona, Taurus, 2016, p. 18.

En el fondo, el pesimismo no se diferencia tanto del optimismo. En realidad, es su reflejo inverso. También el pesimista vive en un tiempo *cerrado*. Está encerrado en la «*cárcel del tiempo*».[6] El pesimista no se aviene a nada y rechaza todo *cambio*, sin abrirse a nuevos *mundos posibles*. Es tan testarudo como el optimista. Tanto el optimista como el pesimista son *ciegos para las posibilidades*. Nada saben de *eventos* que puedan dar un giro sorprendente al curso de los acontecimientos. Carecen de imaginación para lo *nuevo* y son incapaces de *apasionarse con lo que jamás había existido*. En cambio, quien tiene esperanza apuesta por las posibilidades que nos sacarían de «lo que no debería existir».[7] La esperanza nos permite *escapar de la cárcel del tiempo cerrado*.

Hay que distinguir también la esperanza del «pensamiento positivo» y de la «psicología positiva». La psicología positiva se desliga de la *psicología del sufrimiento* y trata de ocuparse exclusivamente del bienestar y de la dicha. Si a uno lo atormentan pensamientos negativos, lo que tiene que hacer es cambiarlos en el acto por otros positivos. La psicología positiva tiene como objetivo hacer que la dicha sea mayor.

---

6 Gabriel Marcel, *Philosophie der Hoffnung. Die Überwindung des Nihilismus*, Múnich, List, 1964, p. 56.

7 Ernst Bloch, *El principio esperanza I*, Madrid, Trotta, 2004, p. 368.

Los aspectos negativos de la vida se obvian por completo. Esa psicología nos presenta el mundo como unos grandes almacenes en los que nos suministran cuanto pedimos.

Según la psicología positiva, cada uno es el único responsable de su propia felicidad. El culto a la positividad hace que las personas a las que les va mal se culpen a sí mismas, en lugar de responsabilizar de su sufrimiento a la sociedad. Se reprime la conciencia de que el sufrimiento siempre se *transmite socialmente*. La psicología positiva psicologiza y privatiza el sufrimiento, mientras que deja intacto el complejo de cegamiento social que lo causa.

El culto a la positividad aísla a las personas, las vuelve egoístas y suprime la empatía, porque a las personas ya no les interesa el sufrimiento ajeno. Cada uno se ocupa solo de sí mismo, de su felicidad, de su propio bienestar. En el régimen neoliberal, el culto a la positividad hace que la sociedad se vuelva insolidaria. A diferencia del pensamiento positivo, la esperanza no le da la espalda a las negatividades de la vida. *Las tiene presentes.* Además, no aísla a las personas, sino que las vincula y reconcilia. *El sujeto de la esperanza es un nosotros.*

En la Epístola a los Romanos leemos: «Ahora bien, si lo que se espera ya está a la vista, entonces no es esperanza, porque ¿para qué esperar lo que ya se está viendo?».[8] La modalidad temporal de la esperanza es el *todavía no*. Ella está abierta a lo *venidero,* a lo que *aún no es*. Es una actitud espiritual, un *temple* anímico que nos eleva por encima de lo ya dado, de lo que ya existe. Según Gabriel Marcel, la esperanza está trenzada «en el tejido de una experiencia en curso», metida en una «aventura que aún no ha terminado».[9] Esperar significa «conceder un crédito a la realidad»,[10] tener fe en ella, dejarla que se preñe de futuro. La esperanza nos hace *creer en el futuro*. El miedo, en cambio, nos hace perder toda nuestra fe y resta crédito a la realidad. Por eso, impide el futuro.

Siguiendo a Derrida, podemos distinguir dos formas de tiempo venidero: el futuro y el advenimiento.[11] El futuro trae cosas que se producirán más tarde: mañana, el año que viene o cuando sea. El tiempo venidero como futuro se puede predecir, planear y calcular. De este modo, se puede administrar. En cambio, el tiempo venidero como advenimiento se refiere a *acontecimientos* que pueden irrumpir de forma totalmente imprevista. El advenimiento es inase-

8   Rom 8,24.

9   Gabriel Marcel, *Philosophie der Hoffnung, op. cit.,* p. 56.

10   *Id., Ser y tener,* Madrid, Caparrós, 2003, p. 70.

11   Amy Ziering Kofman y Kirby Dick (dirs.), *Derrida,* película documental, 2002.

quible a todo cálculo y planificación. Abre un *campo de posibilidades* indisponibles. Anuncia la *venida de lo distinto,* que no es predecible. Se caracteriza por su *indisponibilidad.*

Experiencias tales como una felicidad muy intensa o un amor apasionado tienen también su *polo negativo.* Ese polo negativo es el terreno en el que echan raíces y crecen. Sin hondura no hay elevación. El amor es también *pasión.* Por eso, Simone Weil erige el sufrimiento en condición de posibilidad del amor: «Solo a través del sufrimiento sentí la presencia de un amor análogo al que se lee en la sonrisa de un rostro amado».[12] Sin negatividad es imposible la intensidad. Nuestra experiencia se ha atrofiado y se ha reducido al «me gusta», tan usado hoy en todas partes, pero totalmente carente de negatividad. El «me gusta» es la fórmula básica del consumo. Las negatividades y las intensidades no encajan con el consumo. También la esperanza es una intensidad. Viene a ser una *plegaria interior del alma,* una *pasión* que se suscita ante la negatividad de la desesperación.

La esperanza como *pasión* no es pasiva, sino que conlleva su propia firmeza. Viene a parecerse a aquel activo *topo de la historia* que, lleno de confianza, excava innumerables túneles

12   Simone Weil, *A la espera de Dios,* Madrid, Trotta, 1993, p. 42.

en las tinieblas. En las *Lecciones sobre la historia de la filosofía,* Hegel compara el espíritu con este topo calzado con sus botas de siete leguas:

> Pero el espíritu siempre avanza. Aunque a veces pareciera olvidado de sí mismo y perdido, en su interior [...] sigue trabajando, como dice Hamlet del espíritu de su padre: «Buen trabajo, viejo topo». Hasta que, una vez que se ha fortalecido, se desprende de la corteza terrestre que lo separaba de su sol, que en este caso es su concepto, y entonces esa corteza se cae y se rompe. Mientras el mundo antiguo aún se estaba desmoronando como un edificio muerto y carcomido, él ya se había calzado las botas de siete leguas, y ahora se nos presenta encarnando una nueva juventud.[13]

El espíritu de la esperanza supone también un *avance. Trabaja para avanzar* en plenas tinieblas. Sin tinieblas no hay luz.

La angustia, que actualmente es omnipresente, no se basa realmente en una catástrofe permanente. Lo que más nos atormenta son unos *miedos difusos* que son *estructurales* y cuya causa, por tanto, no se puede atribuir a

---

13   G. W. F. Hegel, *Lecciones sobre la historia de la filosofía III,* Ciudad de México, FCE, 1985, p. 513.

acontecimientos concretos. El régimen neoliberal es un *régimen del miedo*. Hace que las personas se aíslen, al convertirlas en *empresarias de sí mismas*. La competencia indiscriminada y la presión para rendir cada vez más debilitan a la comunidad. El aislamiento narcisista genera soledad y miedo. También nuestra conducta está cada vez más marcada por el miedo: miedo a fracasar, miedo a no estar a la altura de lo que uno espera de sí mismo, miedo a no poder mantener el ritmo o miedo a quedarse descolgado. Precisamente este miedo ubicuo es un motor que hace que aumente la productividad.

Ser libre significa no estar sometido a presiones. Sin embargo, en el régimen neoliberal es la propia libertad la que las crea. Esas presiones no vienen de fuera, sino de nosotros mismos. La obligación de rendir más y la necesidad de optimizar son presiones que nos ponemos libremente. Libertad y coerción coinciden aquí. Acatamos voluntariamente la obligación de ser creativos, eficientes y auténticos.

Precisamente, esa creatividad que tanto se invoca impide que surja *algo radicalmente distinto, algo nuevo e inaudito*. Trae aparejada una nueva forma de producción. La sociedad del rendimiento, en la que se nos pide que seamos creativos, es, en forma de sociedad de servicios, la sucesora de la sociedad disciplinaria que había en la época de la industrialización. La creatividad se impone como un dispositivo neoliberal, que como todo dispositivo tiene un carácter esencialmente coercitivo. Su única función sería garantizar un incremento de la productividad. La novedad que busca ese dispositivo de creatividad no es lo *totalmente distinto*. Se da la paradoja de que solo sucede que prosigue lo igual. Por eso, no aparece ninguna nueva forma de vida que no se reduzca a la producción y el consumo. En definitiva, en la sociedad neoliberal del rendimiento toda novedad se reduce a una forma de consumo.

El modelo de creatividad impuesto por el dispositivo posmoderno desconoce la pujanza de lo radicalmente nuevo, que era lo que caracterizaba a la Modernidad clásica. Típicas de la Modernidad son las ganas «de comenzar de cero, de empezar desde el principio». La Modernidad hace *tabla rasa*. Benjamin nombra una serie de artistas y escritores de la Modernidad entusiasmados con la idea de hacer «borrón y cuenta nueva». Artistas y escritores que se despiden resueltos de la rancia burguesía, «para atender al contemporáneo desnudo que, berreante cual recién nacido, lleva puestos los sucios pañales de esta época».[14] El modelo posmoderno de creatividad no busca un nuevo nacimiento. Carece del

14 Walter Benjamin, «Experiencia y pobreza», en *Obras,* libro II, vol. 1, Madrid, Abada, 2007, p. 221.

pathos de lo nuevo, de la pasión por lo nuevo. Solo produce *variaciones de lo mismo.*

Incluso la autocreación, la autorrealización creativa, acaba asumiendo un carácter coercitivo. Nos optimizamos figurándonos que nos estamos realizando, pero en realidad nos explotamos matándonos a trabajar. Estas presiones interiores intensifican el miedo y nos acaban causando depresiones. La autocreación es, en definitiva, una forma de autoexplotación, cuyo objetivo es el incremento de la productividad.

La comunicación digital acentúa el aislamiento personal. Se da la paradoja de que los medios sociales socavan lo social. En definitiva, acaban erosionando la cohesión social. Estamos estupendamente interconectados, pero nada nos *vincula* a unos con otros. El contacto sustituye a la relación. No tenemos *trato*. Vivimos en una *sociedad en la que no nos tratamos.* A diferencia del trato, el contacto no crea *proximidad.* La relación con el otro se echa a perder por completo cuando el otro, que para nosotros era un *tú,* se ha degradado a un *ello,* a un objeto que ya solo satisface mis necesidades o a mi ego. Una vez que el otro ha quedado reducido a mero reflejo mío, pierde su *diferencia* y su *alteridad.* La sociedad se vuelve entonces cada vez más narcisista, se pierden las relaciones y el trato, y la angustia se hace más intensa.

La esperanza se opone a la angustia por su carácter. Se opone incluso como *sentimiento,* porque no aísla, sino que *vincula y mancomuna.* Por eso, escribe Gabriel Marcel: «"Pensando en nosotros, he puesto mis esperanzas en ti": acaso sea esta la forma más adecuada y más perfecta de expresar aquel acto que el verbo *esperar* solo describe confusa y veladamente». Y sigue diciendo:

> Se diría que, de alguna manera, la esperanza está magnetizada por el amor, o quizá, mejor dicho, por todo un conjunto de imágenes que ese amor evoca e irradia.[15]

El amor y la angustia se excluyen mutuamente. En cambio, en la esperanza anida el amor. La esperanza no aísla, sino que reconcilia, vincula y une. La angustia es incompatible con la confianza y con la comunidad, con la proximidad y con el trato. Provoca alienación, soledad, aislamiento, desorientación, desamparo y desconfianza.

En *El principio esperanza,* Bloch afirma que la esperanza «se puede aprender» como una virtud. Pero hace falta que queramos «aprenderla». El prólogo del libro comienza con estas palabras:

15 Gabriel Marcel, *Philosophie der Hoffnung, op. cit.*, p. 46.

En cierta ocasión, alguien salió al ancho mundo para aprender qué era el miedo. En la época reciente, esto se ha logrado más fácil y directamente que nunca; se ha alcanzado un dominio absoluto de ese arte. Sin embargo, ha llegado el momento [...] de que tengamos un sentimiento más acorde con nosotros. Se trata de aprender la esperanza.[16]

Sin embargo, la esperanza no se puede enseñar ni aprender como una virtud. Ninguna esperanza nace donde impera un clima de miedo. El miedo reprime la esperanza. Por eso, se necesita una *política de la esperanza* que venza el *clima y el régimen de miedo* creando una *atmósfera* de esperanza.

Como la angustia aísla a las personas, es imposible compartirla. A base de miedo no se crea ninguna *comunidad*, ningún *nosotros*. En la angustia cada uno se aísla en sí mismo. La esperanza, por el contrario, conlleva la dimensión del *nosotros*. Esperar significa también *«propagar* esperanza», *transmitir la llama*, «avivar la llama para que prenda en derredor».[17] La esperanza es el fermento de la revolución, el

16   Ernst Bloch, *El principio esperanza I, op. cit.*, p. 25.
17   Gabriel Marcel, *El misterio del ser,* Buenos Aires, Sudamericana, 1953, p. 334.

catalizador de lo nuevo: *incipit vita nova,* «comienza una nueva vida». En cambio, no existe la *revolución del miedo.* Quien tiene miedo se somete al poder. Solo en la esperanza de un mundo distinto y mejor despierta un potencial revolucionario. Que hoy no sea posible la revolución se debe a que no podemos albergar *esperanzas:* cuando no tenemos otra cosa a la que aferrarnos que el miedo, la vida se reduce a la supervivencia.

Hijos de los hombres es una película distópica de ciencia ficción que refleja la depresión y la desesperanza de la sociedad actual. La sociedad se dirige directamente hacia su final. Está amenazada de extinción. Por algún motivo inexplicable, hace ya más de dieciocho años que las mujeres no se quedan embarazadas. La película comienza con la escena en que matan a la persona más joven de la tierra, el muchacho de dieciocho años Baby Diego. Violencia, terror, caos, xenofobia y catástrofes climáticas conmocionan al mundo. Si la buena nueva de los oratorios de Navidad «Nos ha nacido un niño» es una proclamación de esperanza, la esterilidad de la humanidad supone la desesperanza total. Pero de pronto, como por milagro, una mujer se queda embarazada. Tienen que trasladarla a un lugar secreto, donde los científicos investigan buscando la manera de garantizar la pervivencia de la humanidad. En la escena final, esta mujer embarazada, interpretada precisamente por Clare-Hope Ashitey, es rescatada de un mar encrespado por un barco llamado *Tomorrow*.

Sobre esta película comenta Mark Fisher:

> La sospecha de que el final ha llegado se conecta en *Hijos de los hombres* con la idea de que tal vez el futuro ya no nos traiga más que reiteraciones y permutaciones. ¿Podría ser que ya no se produzcan rupturas con lo antiguo, que lo nuevo ya no nos *conmocione*? Esta angustia tiende a derivar en una oscilación bipolar: la esperanza del mesianismo *débil* de que existe algo nuevo por venir decae en la deprimente convicción de que nada nuevo sucederá jamás.[18]

En *Hijos de los hombres,* la humanidad cae en una depresión colectiva. Ya no se producen nacimientos, que serían como metáforas de un futuro que trae lo *nuevo*. La *venida al mundo* como nacimiento se ha cancelado. El mundo se parece a un infierno de lo igual. La depresión mata toda esperanza de la humanidad. Un deprimente futuro que ya no puede traer nada nuevo se reduce a una permanente repetición de lo mismo. *Ninguna puerta se abre. Nada nuevo*

18 Mark Fisher, *Realismo capitalista. ¿No hay alternativa?*, Buenos Aires, Caja Negra, 2018, p. 24.

viene al mundo. No existe el futuro que vivifica, alienta e inspira. No hay *advenimiento*. No parece que sea posible ningún comienzo, ningún mañana, ningún *incipit vita nova,* ninguna huida de lo igual ni de lo antiguo. La depresión es diametralmente opuesta a la esperanza como *pasión por lo nuevo*. La esperanza es el salto, el afán que nos libera de la depresión, del futuro agotado.

Esperanza y acción

DESDE la Antigüedad, siempre se ha considerado que la esperanza es opuesta a la acción. La consabida crítica dice que la esperanza se resiste a actuar porque le falta resolución para hacerlo, que quien tiene esperanza no actúa y cierra los ojos a la realidad. Haciéndonos concebir ilusiones, la esperanza nos distraería del tiempo presente, de la vida aquí y ahora. Lo mismo piensa Albert Camus:

> La evasión mortal [...] es la esperanza: esperanza de otra vida [...] o engaño de quienes viven no para la vida misma, sino para alguna gran idea que la supera, la sublima, le da un sentido... y la traiciona.[1]

La esperanza se equipara a la desistencia, a no querer seguir viviendo, a la renuncia a la vida:

1 Albert Camus, *El mito de Sísifo,* Madrid, Alianza, 1995, p. 21.

Del interior de la caja de Pandora, donde bullían todos los males de la humanidad, los griegos sacaron en último lugar la esperanza, como el más terrible de todos los males. No conozco símbolo más conmovedor. Puesto que, al contrario de lo que se cree, la esperanza equivale a la resignación. Y vivir no es resignarse.[2]

Sin embargo, lo que dice Camus no es cierto: en realidad, la esperanza se quedó dentro de la caja de Pandora. No se escapó de ella. Mirándolo así, la esperanza se podría considerar el antídoto de todos los males de la humanidad. Pero entonces sería una medicina que todavía está escondida. No es fácil de encontrar. La esperanza nos hace *perseverar* a pesar de todos los males del mundo. Nietzsche entiende la esperanza como una resuelta *afirmación de la vida,* como una *porfía:*

Quiso Zeus que el hombre, aunque ya estaba muy atormentado por los demás males, no renunciara a seguir viviendo, sino que continuara dejándose atormentar. Por eso, le dio al hombre la esperanza».[3]

2 *Id., El verano en Argel,* en *Obras 1,* Madrid, Alianza, 1996, p. 97.
3 Friedrich Nietzsche, *Obras completas, Volumen III, Obras de madurez I,* Madrid, Tecnos, 2014, p. 108.

Pero ¿qué es en realidad «la vida misma» o «la vida en sí» *(la vie même)*, que la esperanza supuestamente «rehúye» o incluso «traiciona»? ¿Es la pura vida nutritiva, que se limita a alimentarse? ¿Es deseable o siquiera concebible una «vida en sí» que prosiga sin más, despojada de toda «idea» y de todo «sentido»? La propia libertad, sin la cual ni siquiera sería concebible obrar con empatía, es ya una idea que aporta sentido. Sin ideas, sin un horizonte de sentido, la vida se reduce a la *supervivencia* o, como sucede hoy, a la *inmanencia del consumo. Los consumidores no tienen esperanzas.* Lo único que tienen son deseos y necesidades. Tampoco necesitan ningún futuro. Cuando el consumo se absolutiza, el tiempo se reduce al presente permanente de las necesidades y las satisfacciones. La palabra *esperanza* no pertenece al vocabulario capitalista. *Quien tiene esperanza no consume.*

Camus no alcanza a entender la esperanza en toda su amplitud. Le deniega por completo la dimensión de la acción. No se da cuenta de que en la esperanza se encierra una dimensión activa, que nos mueve a actuar y nos inspira para lo nuevo. Sin esperanza, es absurdo el intento de «dar forma a los sueños más clarividentes [de la historia]».[4] Pero los sueños más

<hr />

4 Albert Camus, *Moral y política*, Buenos Aires, Losada, 2017, p. 117.

visionarios son las *ilusiones de una esperanza que sueña despierta.*

Camus dice que, en vista del absurdo, del que la existencia humana no puede escapar, nace una nostalgia, el anhelo de una patria:

> Mi razonamiento quiere ser fiel a la evidencia que lo ha suscitado. Esta evidencia es el absurdo. Mi nostalgia de unidad es ese divorcio entre el espíritu que desea y el mundo que decepciona.[5]

Cuando Camus escribe que «el pensamiento de un hombre es, ante todo, su nostalgia»,[6] intuye que en el pensamiento anida necesariamente la esperanza. La esperanza es una forma de nostalgia. Un pensamiento que se las arregla sin esperanza es, en último término, un cálculo. No genera nada nuevo, ningún futuro.

En *El mito de Sísifo,* Camus proclama una pasión sin futuro, una pasión que solo se ocupa del presente:

> Lo que queda es un destino cuya única salida es fatal. Fuera de esa única fatalidad de la muerte, todo lo demás, goce o dicha, es libertad. Queda un mundo cuyo único

5 *Id., El mito de Sísifo, op. cit.,* p. 69.
6 *Ibid.,* p. 67.

amo es el hombre. Lo que le cautivaba era la ilusión de otro mundo. El sino de su pensamiento no es ya negarse a sí mismo, sino repercutir en imágenes. Se representa en mitos, sin duda, pero en mitos cuya profundidad es la del dolor humano y que son inagotables como él. No es la fábula divina que divierte y ciega, sino el rostro, el gesto y el drama terrestres en los que se resumen una difícil sabiduría y una pasión sin mañana *[une passion sans lendemain]*.[7]

Un presente que no sueña tampoco genera nada nuevo. Un presente así no tiene pasión por lo nuevo, entusiasmo por lo posible ni ganas de comenzar de nuevo. Si no hay futuro, es imposible apasionarse. Un presente reducido a sí mismo, sin mañana ni futuro, no es la temporalidad de la acción decidida a comenzar de nuevo, sino que degenera en *mera optimización de lo que ya hay, e incluso de lo que no debería existir*. Sin horizonte de sentido es imposible actuar. La felicidad, la libertad, la sabiduría, la caridad, la amistad, la humanidad o la solidaridad, que Camus no se cansa de invocar, constituyen un horizonte de sentido que brinda un significado y da orientación a la acción. Son

7   *Ibid.*, p. 153.

hitos de la esperanza activa. ¿De qué otro modo se podría entender aquella

> fidelidad instintiva a la luz en que nací y con la que los hombres llevan milenios aprendiendo a celebrar la vida incluso en medio de los sufrimientos?[8]

La luz siempre viene de arriba.
En su obra estrictamente filosófica, Camus nunca investigó expresamente el tema de la esperanza. Pero en el discurso que pronunció con motivo de la concesión del Premio Nobel sí se permite hablar sin cortapisas teóricas, y es entonces cuando asoma en sus palabras la idea de la esperanza. Sin pretenderlo, evoca una esperanza totalmente distinta, por ejemplo, cuando habla del «leve batir de alas» o del «dulce ajetreo de la vida y la esperanza».[9] La esperanza ya no es una renuncia, una elusión, un rechazo de la vida, sino la vida misma, la *vie même.* Vida y esperanza son lo mismo. *Vivir significa tener esperanza.*
También para Spinoza la esperanza es irracional. A quien actúa «siguiendo los dictados de la razón» no le hace ninguna falta tener espe-

---

8   *Id., El verano. Bodas,* Buenos Aires, Sur, 1972, p. 25.
9   *Id., El derecho a no mentir. Conferencias y discursos (1936-1958),* Barcelona, Debate, 2023, p. 278.

ranza ni temer. Razón y esperanza se contraponen. La proposición 47 de su Ética dice: «*Los afectos de la esperanza y del miedo no pueden ser por sí mismos buenos*». En el escolio a esa proposición explica:

> Así pues, cuanto más nos apliquemos en vivir bajo la guía de la razón, más nos esforzaremos en depender menos de la esperanza, librarnos del miedo, dominar cuanto podamos a la fortuna y dirigir nuestras acciones con el consejo seguro de la razón.[10]

Spinoza excluye aquí la posibilidad de que la esperanza pueda abrir un campo de acción que sea inaccesible para la razón. Sin embargo, lo cierto es que la esperanza tiende una pasarela sobre un abismo al que la razón no se atreve a asomarse. La esperanza percibe un *armónico* para el que la razón es sorda. La razón no advierte los indicios de lo *venidero*, de lo *nonato*. Es un órgano que solo rastrea lo *ya existente*.

La crítica convencional a la esperanza obvia su complejidad y sus tensiones internas. Tener esperanza es mucho más que aguardar pasivamente y desear. La esperanza se caracteriza fundamentalmente por su entusiasmo y

10   Baruch Spinoza, *Ética demostrada según el orden geométrico*, Madrid, Trotta, 2000, p. 216.

su afán. Es incluso «una pasión militante» que «enarbola su estandarte».[11] Inherente a ella es la resolución para actuar. Desarrolla una *fuerza de salto para actuar*. Hay que distinguir entre la esperanza pasiva, inactiva y débil y la esperanza dinámica, activa y fuerte. La esperanza pasiva se parece de hecho a un deseo débil. La *esperanza activa y fuerte,* por el contrario, inspira a las personas para acciones eficaces y creativas.

El deseo o la expectativa se refieren a un objeto o a un suceso intramundano. Son *puntuales*. La esperanza, en cambio, desarrolla una *narrativa* que guía las acciones. Se caracteriza por su duración y su amplitud narrativas. A diferencia del deseo, la esperanza estimula la imaginación narrativa. *Sueña activamente.* Inherente al deseo es una sensación de carencia, mientras que la esperanza posee su *propia plenitud* y *fuerza luminosa*. Una esperanza fuerte no carece de nada. *Esperanza desbordante* no es un oxímoron. La esperanza es una *fuerza,* un *ímpetu*. En cambio, ningún deseo es *brioso*.

A quien tiene esperanza el mundo se le presenta bajo una luz totalmente distinta. La esperanza le da al mundo un *esplendor* especial. *Ilumina* el mundo. El deseo y la expectativa no tienen esa fuerza capaz de transformar el mundo, de ampliarlo y de iluminarlo, sino que

11 Ernst Bloch, *El principio esperanza I, op. cit.,* p. 146.

solo aguardan sucesos u objetos intramundanos que los satisfagan. La esperanza no sabe lo que es darse por satisfecha ni quedarse contenta. No está sujeta a un objeto ni a un suceso intramundano. Es un *estado de ánimo,* incluso un *sentimiento básico* que *permanentemente* define y *templa* la existencia humana. Y hasta puede crecer y convertirse en *entusiasmo y euforia.* Terry Eagleton no capta esta dimensión afectiva de la esperanza cuando escribe:

> Ser positivo al hablar es utilizar las palabras de una forma determinada, no revestirlas de un afecto específico. Incluso si en nuestro fuero interno no sentimos más que un espasmo de feroz nihilismo mientras estamos consolando a alguien, las palabras de esperanza siguen siendo palabras de esperanza. [...] Se puede reconocer que una esperanza es real sin tener la más mínima sensación de ella. [...] Si alguien pregunta «¿Qué esperas conseguir?», está pidiendo que le describan un proyecto, no un informe sobre una condición subjetiva. [...] Como cualquier virtud, es un hábito adquirido de pensar, sentir y actuar de una forma determinada.[12]

12   Terry Eagleton, *Esperanza sin optimismo, op. cit.*, pp. 91 s.

La esperanza como estado de ánimo, como sentimiento básico, es *anterior al lenguaje*. Es ella la que define y *templa* el lenguaje.

Una esperanza sentida en su máxima intensidad no puede reducirse al hábito de una costumbre o de una virtud que pudiéramos adquirir o suscitar intencionadamente. Posee una trascendencia que rebasa la inmanencia de la voluntad. Tampoco el ánimo angustiado puede ser controlado por la voluntad, sino que nos sobreviene. El estado de ánimo se diferencia radicalmente de la costumbre. Las costumbres no se crean de buenas a primeras. Sin embargo, nos vemos *arrastrados* hacia estados de ánimo. *Caemos* en ellos. Nos pueden *sobrevenir, acometer* y *transformar*.

En sus *Investigaciones filosóficas,* Wittgenstein plantea una pregunta sumamente interesante: «Podemos imaginarnos a un animal enojado, temeroso, triste, alegre, asustado. Pero ¿esperanzado? ¿Y por qué no?». El propio Wittgenstein da una respuesta a esta pregunta especulativa:

El perro cree que su dueño está en la puerta. Pero ¿puede creer también que su dueño vendrá pasado mañana? ¿Y qué es lo que no puede? ¿Cómo lo hago yo? ¿Qué puedo responder a esto? ¿Puede esperar solo quien puede hablar? Solo quien domina el uso de un lenguaje. Es decir, los fenómenos relacionados con el esperar son modos de esta complicada forma de vida.[13]

No es que no podamos atribuir a los animales ninguna capacidad lingüística, pero los lenguajes animales tienen una estructura temporal totalmente distinta a la del lenguaje humano, pues carecen de futuro en sentido empático. La esperanza habita en el futuro. Diríamos que el animal puede hablar si entendemos por tal la emisión de señales que significan algo. Pero lo que no puede es *prometer*. Además, el lenguaje del animal no es narrativo. No puede *narrar*. A diferencia del deseo, del que el animal sí es capaz, la esperanza tiene una estructura narrativa. La narración presupone una conciencia marcadamente temporal. El animal no es capaz de desarrollar una idea del *mañana,* pues esa idea tiene carácter narrativo. El *futuro narrativo* es inalcanzable para el animal.

La esperanza tiene un *núcleo activo*. El espíritu de la esperanza anima y alienta nuestros actos. Sobre esta esperanza activa, enfática y firme escribe Erich Fromm:

13   Ludwig Wittgenstein, *Investigaciones filosóficas*, Madrid, Trotta, 2021, p. 239.

La esperanza es paradójica. No es ni una espera pasiva ni una voluntad irrealista de forzar circunstancias que no pueden producirse. Se parece a un tigre agazapado que solo saltará cuando haya llegado el momento de hacerlo. [...] Tener esperanza significa estar dispuesto en todo momento a algo que aún no ha nacido. [...] Quien tiene una esperanza fuerte reconoce y fomenta todos los signos de la nueva vida y está preparado en todo momento para ayudar a que vea la luz lo que está preparado para nacer.[14]

La esperanza prevé y presagia. Nos da una capacidad de actuar y una visión de las que la razón y el intelecto serían incapaces. Aviva nuestra atención y agudiza nuestros sentidos para percibir lo que aún no existe, lo que aún no ha nacido, lo que apenas despunta en el horizonte del futuro. Es la *obstetricia de lo nuevo*. Sin esperanza no hay *resurgimiento* ni *revolución*. Cabría pensar que incluso la evolución es impulsada por una esperanza inconsciente. La esperanza es el poder vivificante por excelencia, la fuerza que inerva la vida y la preserva de anquilosarse y paralizarse. Para Fromm, la esperanza como «estado ontológico», como *es-*

14   Erich Fromm, *La revolución de la esperanza,* Ciudad de México, FCE, 1970, p. 21.

tado de ánimo, es una «disposición interna»: la «disposición para una actividad intensa que aún está por ejercer».[15] Es, por tanto, una fuente interior de dinamismo y actividad. Más allá de la actividad ya ejercida, más allá del mero ajetreo y de la actividad, la esperanza nos inspira para la *actividad que aún está por ejercer* y es la brisa que nos trae el *frescor de lo nonato.* *Renueva* nuestro actuar.

Siguiendo a Nietzsche, podemos entender la esperanza como un estado especial del espíritu que se asemeja a un *embarazo.* Tener esperanza es *estar preparado para el nacimiento de lo nuevo:*

> ¿Hay estado más bendito que el embarazo? Hacerlo todo con la fe tácita de que, de algún modo, eso que hacemos favorecerá a lo que se está gestando en nosotros y tendrá que *elevar* su misterioso valor, en el que pensamos con arrobo. Por amor a ello evitaremos muchas cosas, sin que sintamos esas renuncias como una ardua obligación. Reprimiremos alguna que otra palabra hiriente y tenderemos la mano para reconciliarnos... La criatura debe nacer en medio de lo mejor y más benigno. Nos estremecemos de nuestra acritud y nuestra brusquedad,

15 *Ibid.,* p. 24.

temerosos de que en la copa de la vida de nuestro amadísimo desconocido pudiera verterse una gota de desgracia. Todo está como velado, todo son corazonadas, no se sabe cómo irá nada, uno espera, procurando estar *preparado*. Pero, al mismo tiempo, nos invade un sentimiento puro y catártico de profunda irresponsabilidad, casi como el que tiene un espectador ante el telón bajado. Algo se está gestando, algo está saliendo a la luz, y no disponemos de nada con que determinar su valor ni su momento. Lo único que necesitamos es cualquier influjo por cuya mediación podamos bendecirlo y defenderlo. Nuestra esperanza secreta es que «aquí se está gestando algo que será mayor que nosotros».[16]

Llenos de esperanza, nos elevamos por encima de lo que no debería existir. Lo *perdonamos*, mientras estamos expectantes de algo totalmente distinto. El *perdón* abona el terreno para lo nuevo y distinto.

La esperanza conlleva una gran benignidad, una radiante serenidad, incluso una profunda *cordialidad*, pues no fuerza a nada. Como dice Nietzsche certeramente, es un sen-

16 Friedrich Nietzsche, *Obras completas, Volumen III, Obras de madurez I, op. cit.*, pp. 688 s.

timiento de benignidad y orgullo. Tener esperanza significa estar *íntimamente preparado para lo que haya de venir*. Nos hace estar más atentos a lo que *todavía no existe,* sobre lo cual no podemos influir directamente. Incluso el pensamiento y la acción tienen este carácter *contemplativo* de la esperanza, que es el carácter de la receptividad, del presentimiento, de la espera, de la aceptación. Para actuar sin más no hace falta *consagrarse* a esa acción. Pero en el núcleo de la actividad suprema anida *el sentido de una inactividad.* La esperanza nos inicia en un ámbito ontológico que la voluntad no alcanza. El querer no llega hasta la célula germinal de la creación:

> *¡Es en esta consagración* como hay que vivir! ¡Y realmente se puede vivir así! Aunque lo esperado sea una idea o un acto: la realización de toda obra esencial no es para nosotros sino una especie de embarazo, ¡y que el viento se lleve todo el petulante discurso sobre «querer» y «crear»![17]

Martin Luther King expresa con mucho acierto la dimensión activa de la esperanza. En su célebre discurso *I have a dream* dice:

17 *Ibid.*

Con esta fe seremos capaces de tallar en la montaña de la desesperación una roca de esperanza. Con esta fe seremos capaces de transformar las chirriantes disonancias de nuestra nación en una bella sinfonía de fraternidad. Con esta fe seremos capaces de trabajar juntos, de rezar juntos, de luchar juntos, de ir a la cárcel juntos, de defender juntos la libertad, sabiendo que un día seremos libres.[18]

Martin Luther King no es un optimista, pues la roca de la esperanza solo se tallará en la montaña de desesperación. Su sueño es la visión de alguien que sueña despierto. Es la esperanza la que crea esas visiones con las que soñamos despiertos. Ella estimula la imaginación para actuar. Es verdad que también a veces soñamos despiertos para evadirnos de la realidad, pero esos sueños se desvanecen enseguida y, en el fondo, no se diferencian de las fantasías quiméricas ni de las ilusiones irreales. Pero cuando soñamos despiertos la esperanza activa inspira visiones creadoras de futuro, visiones con base real que nos indican el camino hacia el futuro. La esperanza activa no se aviene a resignarse a lo que no debería existir. Soñando despierta, la

18 Martin Luther King, *Tengo un sueño: ensayos, discursos y sermones*, Madrid, Alianza, 2021, pp. 138 s.

esperanza está *resuelta a actuar*. Las visiones con que soñamos despiertos son, en definitiva, *sueños en los que actuamos*. Son sueños que, en aras de una vida nueva y mejor, hacen desaparecer lo que no debería existir.

En las visiones que tenemos cuando soñamos despiertos nos imaginamos lo venidero, lo que todavía no existe, lo que aún no ha nacido. En esas visiones estamos atentos al futuro, mientras que en los sueños nocturnos lo que se nos aparece es el pasado. Cuando soñamos despiertos soñamos hacia delante, con la mente puesta en el futuro, mientras que cuando soñamos dormidos soñamos hacia atrás, con la mente puesta en el pasado:

> Pues una cosa es siempre evidente: que lo reprimido exclusivamente hacia abajo, lo que solo podríamos hallar en el subconsciente, en sí mismo no es más que el terreno del que surgen los sueños nocturnos y, a veces, la ponzoña que provoca los síntomas neuróticos [...]. Lo esperado y barruntado contiene, en cambio, el posible tesoro del que proceden las grandes fantasías diurnas.[19]

Mientras que Freud degrada las visiones con que soñamos despiertos a una mera fase pre-

---

19   Ernst Bloch, *El principio esperanza I, op. cit.*, p. 197.

via de los sueños nocturnos,[20] Bloch entiende que esos sueños diurnos tienen una naturaleza totalmente distinta que los nocturnos. El yo de los sueños nocturnos es introvertido, está ensimismado. No está abierto a lo distinto:

> El yo del sueño que soñamos despiertos puede agrandarse tanto que llegue a englobar a otros. Con esto, llegamos al tercer punto que distingue los sueños diurnos de los nocturnos: lo que los diferencia es la amplitud humana. El que duerme se encuentra a solas con sus tesoros, mientras que el ego del ilusionado puede englobar a otros. Si el yo no está introvertido o no está volcado únicamente en su entorno inmediato, es evidente que su sueño diurno querrá una mejora. Incluso los sueños diurnos de raíces personales, aunque se dirigen al interior, tratan de mejorarlo en comunidad con otros egos.[21]

Los sueños nocturnos no nos animan a actuar conjuntamente. En ellos, cada uno está aislado

20 Sigmund Freud, *Obras completas,* vol. XVI, Buenos Aires, Amorrortu Editores, 1991, p. 340: «Sabemos que esos sueños diurnos son el núcleo y los modelos de los sueños nocturnos. Estos, en el fondo, no son sino sueños diurnos que se han vuelto utilizables por la liberación que durante la noche experimentan las mociones pulsionales, y que son desfigurados por la forma nocturna de la actividad anímica».
21 Ernst Bloch, *El principio esperanza I, op. cit.,* p. 123.

en sí mismo. En cambio, las visiones que tenemos cuando soñamos despiertos engloban a un *nosotros* que está dispuesto a actuar para mejorar el mundo. Solo los visionarios que sueñan despiertos son capaces de sacar adelante una revolución.

Las visiones con que soñamos despiertos tienen un potencial utópico e implican una dimensión política, mientras que los sueños nocturnos se quedan en lo privado. Belleza, elevación y sublimidad solo son posibles en las visiones con que soñamos despiertos. Los sueños nocturnos carecen de horizonte y de ímpetu utópicos. En ellos somos reacios a actuar. En cambio, los revolucionarios sueñan de día. *Sueñan hacia delante,* con la mente puesta en el futuro, y lo hacen en común. Una fuerte esperanza nos hace soñar despiertos las visiones de un mundo mejor. La esperanza no tiene cabida en los sueños nocturnos, que casi siempre son *sueños dorados o pesadillas.* Según Freud, los sueños nos ayudan a asimilar las experiencias traumáticas del pasado una vez que estas ya han sucedido. Los sueños nocturnos no tienen dimensión de futuro.

En su obra *La condición humana,* Hannah Arendt comenta que

la fe y la esperanza [son] dos rasgos esenciales de la existencia humana prácticamente desconocidos para los griegos, pues, para ellos, la lealtad y la fe eran poco frecuentes y apenas relevantes para el curso de los asuntos políticos, mientras que la esperanza era un mal que salió de la caja de Pandora para cegar a la humanidad.[22]

Sorprende que, aunque Arendt declara explícitamente la esperanza uno de los rasgos esenciales de la existencia humana, luego no la haya investigado expresamente. A la obra de Arendt *La condición humana* le falta una teoría de la esperanza. No atribuye a la esperanza ningún papel constitutivo en la acción.

Según Arendt, actuar significa comenzar algo nuevo por propia iniciativa. A diferencia de los animales, el hombre tiene de nacimiento una dotación instintiva filogenética precaria y viene al mundo como un neófito. Pero precisamente esa carencia instintiva lo impulsa a emprender iniciativas y poner en marcha cosas nuevas. Sin embargo, la actividad humana está marcada por una contingencia radical. Las personas son capaces de empezar cosas nuevas, pero luego son totalmente incapaces de controlarlas y prever sus consecuencias. Nadie sabe realmente lo que hace cuando actúa. Por eso, dice Arendt que el hombre cuando actúa «se hace *culpable* de las

22   Hannah Arendt, *La condición humana*, Buenos Aires, Paidós, 2005, p. 266.

consecuencias que jamás pretendió ni previó; y, por muy desastrosas o inesperadas que sean las consecuencias de esa acción, ya no puede revocarla».[23] Por tanto, el hombre debe cargar con el peso de la irrevocabilidad y la imprevisibilidad de las consecuencias de su acción.

Dado que quien actúa se hace inevitablemente *culpable,* Arendt pasa a abordar el tema del *perdón.* El perdón redime de la culpa inherente a la acción. Nos permite exonerarnos mutuamente de las consecuencias de lo que hemos hecho. El perdón es, según Arendt, el «remedio» contra la irrevocabilidad y la imprevisibilidad del proceso que puso en marcha la acción, el remedio contra la irrevocabilidad de lo hecho. Poder perdonar es lo único que nos permite «manejar potencias tan tremendas, y tan tremendamente peligrosas, como el poder de la libertad y la capacidad de empezar».[24]

El perdón se refiere al pasado, porque revoca lo sucedido y vuelve a darnos margen de acción para empezar de nuevo. Pero, al actuar, lo hacemos de cara a un futuro incierto. El perdón no puede subsanar la contingencia debida a la futuridad de la acción. Del corazón humano, tan poco fiable y tan insondable, emana una niebla de incertidumbre. Dado que el futuro es

23 *Ibid.,* p. 253.
24 *Ibid.,* pp. 255-262.

imprevisible, Arendt pasa a abordar el tema de la promesa. Las promesas se dan para formar «ciertas islas perfectamente delimitadas de previsibilidad en un mar de incertidumbres».[25] Nos dan la posibilidad «de cambiar el futuro y disponer de él como si ya fuera presente».[26] Así pues, la promesa permite que el futuro sea previsible y esté disponible. Arendt cita a Nietzsche, que hablaba de la «conciencia de poder y de libertad» que adquiere «quien da su palabra fiable, porque se sabe lo bastante fuerte para mantenerla a pesar de las contingencias accidentales que puedan producirse, y aunque sea "contra el destino"».[27]

El perdón nos permite *manejar* el pasado y la promesa nos permite *manejar* el futuro. Según Arendt, perdón y promesa son dos condiciones básicas de la acción humana. Son una especie de «órganos de control incorporados en nuestra capacidad de comenzar y dejar que sigan funcionando solos nuevos procesos que, en sí mismos, serían interminables».[28] Según Arendt, si no fuéramos capaces de revocar lo hecho y de controlar en cierta medida los procesos que nosotros desencadenamos, tampoco nos sería posible la acción específicamente humana, e

25   *Ibid.*, p. 263.
26   *Ibid.*, p. 264.
27   *Ibid.*
28   *Ibid.*, p. 265.

inexorablemente quedaríamos sometidos a la ley «que rige sobre la vida de los mortales y que los condena a morir desde el mismo instante de su nacimiento».[29] Solo la capacidad de actuar puede interrumpir el proceso automático de la vida. Si no fuéramos capaces de recomenzar, estaríamos condenados a «arrastrar continuamente todo lo específicamente humano hacia su desaparición».[30]

Según Arendt, en vista de los procesos automáticos que marcan el curso del mundo, toda acción humana tiene cierto carácter de milagro:

> Que en este mundo existe una capacidad plenamente terrenal de obrar *milagros,* y que esa milagrosa capacidad no es otra cosa que la facultad de actuar, [...] lo sabía Jesús de Nazaret; y no solo lo sabía, sino que lo reveló al comparar la fuerza del perdón con el poder de quien obra milagros, poniendo ambos en el mismo nivel y comprendiendo que son dos potencias que le han sido dadas al hombre ya como ser terrenal.[31]

29 *Ibid.*
30 *Ibid.*
31 *Ibid.*, p. 266.

El milagro que continuamente interrumpe la marcha del mundo y nos salva de la perdición es, según Arendt, el «hecho de la natalidad», el hecho de «haber nacido», que es «el prerrequisito ontológico para que pueda darse tal cosa como el actuar». Solo en este punto habla Arendt de la esperanza:

> El *milagro* consiste en que nazcan hombres y en que, por el hecho de haber nacido, puedan hacer con su acción un nuevo comienzo. Solo si se entiende a fondo este aspecto de la acción, podrá haber algo así como *fe* y *esperanza*. [...] Que en la tierra puede haber confianza y que se pueden albergar esperanzas para el mundo, acaso en ninguna otra parte se haya expresado más sucinta y bellamente que en las palabras con que los Oratorios de Navidad proclaman «la buena nueva»: «Nos ha nacido un niño».[32]

Esta sería, a grandes rasgos, la teoría de la acción de Hannah Arendt. Para ella, la esperanza no es esencial para la acción. Que los hombres puedan tener esperanza se debe únicamente a que pueden actuar. Pero para el propio actuar no es relevante la esperanza. Arendt no se da

---

32 *Ibid.*

cuenta de que la esperanza es primordial ni de que, por ser primordial, es también el motor de la acción. En realidad, la esperanza precede a la acción, y no al revés. La que obra *milagros* es la esperanza, y no la acción.

Evidentemente, como la esperanza implica un sentido contemplativo, Arendt no es capaz de integrarla en su teoría de la acción. Aunque la esperanza es muy afín a la acción, no pertenece a la esfera de la *vita activa*. Arendt recela de todo lo contemplativo. Su concepto de acción se refiere exclusivamente a la actividad, a la iniciativa voluntaria. Por eso, no se da cuenta de que en la esperanza se produce una síntesis muy fecunda entre la *vita activa* y la *vita contemplativa*.

Las personas pueden actuar *porque* pueden esperar. No se puede recomenzar sin esperanza. El espíritu de la esperanza inspira para actuar. Infunde una *pasión por lo nuevo*. De este modo, la acción pasa a ser una *pasión*. Quien no sueña *hacia delante*, con la mente puesta en el futuro, no se atreve a recomenzar. Sin el espíritu de la esperanza, la actividad se reduce a mero hacer o a resolver problemas.

La esperanza anhela la *redención*. La buena nueva «Nos ha nacido un niño» es una genuina expresión de esperanza. No se refiere a una acción, sino que la precede. En los Oratorios de Navidad, la fe y la esperanza desatan el júbilo:

¡Regocijaos, alegraos!
¡Celebrad estos días!
¡Exaltad lo que ha hecho hoy el Altísimo!
¡Dejad de temer, no os lamentéis más!
¡Cantad, llenos de júbilo y alegría!

La teoría del perdón de Hannah Arendt no tiene debidamente en cuenta ese fenómeno. Nadie puede perdonarme por cosas de las que, en realidad, no soy culpable porque no las he pretendido. No puedo pedir perdón a nadie por aquellas consecuencias de mis actos que yo no podía prever. Esas consecuencias obedecen a la contingencia de la acción, de la que no se puede responsabilizar a nadie. Aquí nos hallamos ante una *culpa ontológica* que no necesita perdón. En ella se revela la finitud de la existencia y la libertad humanas. Ser culpable significa aquí que el hombre está a merced de las consecuencias de sus acciones, que ellas escapan a su libre albedrío. Solo podría ser inocente un Dios absoluto e infinitamente libre que fuera capaz de prever todas las consecuencias de sus actos.

Heidegger entiende la culpa como síntoma de la finitud de la existencia humana, que se debe al hecho de que el hombre no se da a sí mismo el fundamento de su propio ser. Esa culpa ontológica no necesita perdón. El perdón se refiere a un acto expresamente intencionado, *al margen de que sus consecuencias siempre sean imprevisibles.* La contingencia no puede ser objeto de perdón. *Lo que abre campo libre para recomenzar no es el perdón, sino la esperanza.* La esperanza nos permite desentendernos de las consecuencias negativas de los procesos que nuestras acciones desencadenaron, y vuelve a abrirnos las puertas a lo *posible.* La esperanza nos permite despedirnos de lo pasado y estar atentos al futuro, a lo posible, a lo que todavía no existe.

La esperanza presupone, además, un futuro abierto, que también traerá *acontecimientos* no pretendidos, no previsibles e incontrolables de antemano. Si el poder de la promesa nos permitiera realmente *cerrar* por completo el futuro, es decir, «cambiarlo y disponer de él como si fuera ya presente», entonces la esperanza estaría de más. Tanto la esperanza como la confianza presuponen un horizonte *abierto.* Tener confianza significa entablar una relación positiva con el otro, aunque no lo sepamos todo de él. La confianza nos permite actuar aunque haya cosas que no sepamos. Si lo supiéramos todo, no haría falta confiar. Sin embargo, Arendt afirma que «la fuerza vinculante de promesas mutuas se acaba por concretar en el contrato». El contrato no se basa en la confianza y la promesa, sino en el imperativo. Cuando reina una confianza absoluta o cuando vale una promesa incondicional, no hacen falta contratos. El imperativo interviene cuando, en caso de incumplimiento contractual, amenazan consecuencias negativas, como la multa o la sanción. Cerramos contratos porque no podemos confiar. La confianza hace innecesario el imperativo. También las leyes que acordamos tienen carácter contractual. Es precisamente *la previsión de la aplicación de la ley* la que fuerza a las partes contratantes a atenerse al contrato y a cumplir la ley. El contrato elimina radicalmente el margen de confianza. Necesitamos tener confianza, porque no podemos determinar por vía de ley todas las relaciones interhumanas. La confianza facilita las interacciones sociales.

En la interpretación que hace Arendt de la buena nueva se pierde su dimensión *escatológica*. La esperanza cristiana no tiene su sede en la inmanencia de la acción, sino en la *trascendencia de la fe*. En su *Teología de la esperanza* escribe Jürgen Moltmann:

> La esperanza cristiana se refiere a un *novum ultimum,* a la nueva creación de todas las cosas por el Dios de la resurrección de Cristo. Abre así un amplísimo horizonte de futuro, que engloba también a la muerte. La esperanza cristiana también puede y debe integrar en ese horizonte las esperanzas limitadas en la renovación de

la vida, suscitándolas, relativizándolas y orientándolas.[33]

La esperanza cristiana no nos lleva a una pasividad inactiva, sino que nos mueve a actuar, inspirando nuestra imaginación y despertando una «capacidad inventiva» «para romper con lo antiguo y abrirnos a lo nuevo».[34] La esperanza no nos evade del mundo, sino que nos hace «anhelantes de futuro».[35] Su esencia no es la retirada quietista, sino el *cor inquietum*, el «corazón inquieto». La esperanza no obvia el mundo ni lo escamotea, sino que se enfrenta a él y a toda su negatividad, y los *recurre*. Así es como alimenta al *espíritu de la revolución:* «En este sentido, la esperanza cristiana siempre tuvo efectos revolucionarios en la historia cultural de las sociedades que la albergaron».[36] Al espíritu de la esperanza es inherente la resolución para actuar. Quien tiene esperanza es *inspirado por lo nuevo,* por el *novum ultimum.* La esperanza arriesga el *salto a una nueva vida.*

La *esperanza absoluta* nace ante la *negatividad de la desesperación absoluta.* Germina cerca del *abismo.* La negatividad de la deses-

33 Jürgen Moltmann, *Teología de la esperanza,* Salamanca, Sígueme, 1972, p. 42.
34 *Ibid.,* p. 43.
35 *Ibid.,* p. 24.
36 *Ibid.,* p. 43.

peración absoluta es propia de una situación en la que parece que ya no sea posible ninguna acción. La esperanza absoluta despunta en el momento en que colapsa la narrativa, que es constitutiva de nuestra vida. La narrativa consta de contextos que definen lo que es bueno, bello y valioso, lo que tiene sentido y lo que merece la pena. El desmoronamiento total de la narrativa destruye el mundo y la vida, es decir, todos los valores y las normas por los que nos regimos. En su radicalidad, supone el *desmoronamiento del lenguaje,* incluso el *desmoronamiento de los conceptos* con los que podemos describir y comprender nuestras vidas.

Solo es posible actuar dentro de un entramado de sentidos. Si se rompe ese entramado, ya solo queda hacer cosas sin sentido o actuar a ciegas. ¿Qué nos podría salvar de esta desesperación absoluta? Aquí no se trata solo de resolver un problema o gestionar un conflicto. Los problemas son déficits o trastornos funcionales dentro de un contexto vital que en sí mismo permanece intacto; son quiebras que se pueden restablecer en un proceso de sanación. Pero, cuando lo que se desmorona fatalmente es el propio contexto vital, entonces *ni siquiera* quedan problemas que se puedan solucionar. De la negatividad absoluta de la desesperación no podría salvarnos ninguna solución de problemas, sino, en todo caso, una *redención.*

Cuanto más profunda sea la desesperación, más intensa será la esperanza. Esta es la *dialéctica de la esperanza*. La negatividad de la desesperación cimenta aún más la esperanza. Una esperanza entusiasta tiene raíces más hondas. En eso se diferencia del optimismo, que carece de toda negatividad. La esperanza absoluta hace que vuelva a ser posible actuar en plena desesperación profunda. Rebosa de una fe inquebrantable en la existencia de *sentido*. Es la fe en el *sentido* lo que nos da orientación y nos brinda asidero.

Paul Celan describe la esperanza como una «fiel compañía». Pero la fe firme en la «fiel compañía» solo se despierta tras pérdidas totales o tras un abandono absoluto. Igual que la dicha profunda, la esperanza *solo es posible en la fragilidad*. Inherente a ella es la *zozobra*. La *negatividad de la zozobra* vivifica y alienta la esperanza. Se da la paradoja de que la luminosa luz de la esperanza se aviva con las tinieblas más profundas. Al optimismo le falta esta dialéctica.

Celan declara el lenguaje la sede eminente de la esperanza, la cual se afirma frente al terrible enmudecimiento, frente a la aterradora afasia:

Solo una cosa quedó al alcance, próxima y fiel pese a todas las pérdidas: el lenguaje. Solo él, el lenguaje, permaneció fiel; sí, pese a todo. Pero primero tuvo que pasar por la inexistencia de respuestas a todas sus preguntas; tuvo que pasar por el terrible enmudecimiento; tuvo que pasar por las mil tinieblas del mortífero discurso. Pasó por todo eso y no encontró palabras para lo que sucedía. Pero pasó por lo que sucedía. Pasó por todo eso y pudo volver a salir a la luz del día, *enriquecido* con todo eso.[37]

Inherente a la esperanza es la *porfía*. La esperanza *porfía* incluso contra el *desastre absoluto*. La *estrella de la esperanza* colinda con el *astro fatídico* (del latín *des-astrum)*, con el desastre. Sin la negatividad del desastre y de la porfía solo queda la banalidad del optimismo. Para Ingeborg Bachmann, la negatividad de la esperanza se sintetiza en una *porfía*. Precisamente el lenguaje, la poesía, representa esta *porfía*. *Mientras hable el poeta seguirá habiendo esperanza en el mundo:*

Hay algo en lo que realmente creo. Lo llamo «el día que vendrá». Y un día llegará. Bueno, probablemente no llegue, pues siempre nos lo han destruido. Hace ya tantos milenios que nos lo vienen destruyendo... No

37 Paul Celan, *Obras completas,* Madrid, Trotta, 2002, pp. 497 s.

llegará, y, *sin embargo,* creo en ello, pues, si no pudiera creer, tampoco podría escribir.[38]

La esperanza es el fermento de la escritura. La poesía es un lenguaje de esperanza.

Bachmann erige la esperanza en *condición de posibilidad de la vida.* Ella representa la *conditio humana* por excelencia. Es la esperanza la que guía las acciones. En esto, Bachmann se diferencia radicalmente de Arendt. Las acciones, que para Arendt son sumamente prioritarias, se subordinan para Bachmann a la esperanza. Es precisamente la esperanza la que nos infunde bríos para actuar. *Una persona vive mientras tiene esperanza.* Al mismo tiempo, Bachmann subraya siempre el carácter *paradójico* y *aporético* de la esperanza:

«Las costas de Bohemia» sería para mí el poema en el que siempre creeré. Está dedicado a todas las personas, porque habla del país de las esperanzas de todas ellas, del país al que nunca llegarán. *Y, sin embargo,* deben mantener la esperanza de llegar a él, pues de lo contrario no podrían vivir. [...] Es una utopía, es decir, un país

38 Ingeborg Bachmann, *Ein Tag wird kommen. Gespräche in Rom. Ein Porträt von Gerda Haller,* Salzburgo/ Viena, Jung und Jung, 2004, p. 55 (cursivas del autor).

que no existe, pues, como todo el mundo sabe, Bohemia no está en la costa. Y, sin embargo, está en la costa. [...] Es decir, hay algo incompatible. [...] Y quien no tiene esperanza, y quien no vive, y quien no ama, y quien no confía en llegar a ese país, para mí ha dejado de ser persona.[39]

La tensión entre lo imposible y la porfía como acto de fe abre las puertas del futuro y mantiene vivo el lenguaje. La porfía hace posible vivir.

Bachmann baña su poema «Las costas de Bohemia» en el verde, que es el color de la esperanza:

Entraré en una casa si aquí son verdes.
Pisaré suelo firme si aquí están intactos
los puentes.

La esperanza hace posible *instalarse en un hogar*. Promete un *hogar,* una *patria*. Tiende un *puente* sobre lo intransitable, sobre el abismo. Nos da *orientación* y nos brinda *asidero*. Quien espera «pisa suelo firme». Bachmann recoge la noción de Celan de la «fiel compañía». Se da la paradoja de que uno pisa suelo firme cuando se ha hundido hasta el fondo. El abandono y la fiel compañía se potencian mutuamente:

39 *Ibid.*

Si toda cuita amorosa siempre será vana,
me gustará que así sea. [...]
Nada quiero para mí salvo hundirme
en el fondo.
En el fondo, es decir, en el mar. Ahí
reencontraré Bohemia.
Hundida en el fondo, despierto tranquila.
Ahora que sé desde el fondo, confiaré
fielmente.

En una de sus parábolas, Kafka ilustra la *esperanza contra toda esperanza*. Es significativo que el personaje de la parábola se llame «Desesperanzado»:

Navegando en su pequeño bote, Desesperanzado doblaba el Cabo de Buena Esperanza. Era primera hora de la mañana. Soplaba un viento fuerte. Desesperanzado izó una pequeña vela y se recostó apaciblemente. ¿Qué temer en un pequeño bote de diminuto calado, que con la destreza de un ser vivo se deslizaba entre los arrecifes de esas peligrosas aguas?[40]

La esperanza absoluta es una esperanza desesperanzada o una esperanza del desesperanzado,

---

40   Franz Kafka, *Narraciones y otros escritos*, Barcelona, Galaxia Gutenberg/Círculo de Lectores, 2003, p. 573.

pues nace en vista de la desesperanza total. Nace de la negatividad de la desesperación absoluta. Se caracteriza por su denodada porfía. Es un *estado existencial* permanente que no va camino de ningún objetivo concreto ni de ningún puerto cercano. «Desesperanzado», el personaje de Kafka, *no llega*. La esperanza absoluta se caracteriza esencialmente porque *nunca llega a su meta*. Hace que la vida sea serena y confiada. Por eso, el «Desesperanzado» de Kafka se recuesta apaciblemente en medio de las aguas peligrosas.

La negatividad es esencial para la esperanza desesperanzada. En la Epístola a los Romanos escribe san Pablo: «En contra de toda esperanza, Abraham creyó y tuvo esperanza».[41] Cuanto más desesperada sea una situación, más firme será la esperanza. La negatividad de la esperanza es también lo que describe la parábola de Kafka *Un mensaje imperial*:

Cuentan que el Emperador te ha enviado un mensaje precisamente a ti, a un triste súbdito solitario, a una diminuta sombra escapada del sol imperial y huida a la lejanía más remota; desde su lecho mortal el Emperador te ha mandado un mensaje precisamente a ti. Hizo que el mensajero se postrara junto a la cama para susurrarle

41   Rom 4,18.

su mensaje al oído. Tanto le importaba el mensaje que le ha ordenado al mensajero que se lo repita al oído. Asintiendo con la cabeza, confirmó que el mensajero lo había repetido correctamente. Y en presencia de todo el público que asistía a su muerte —habían derribado todas las paredes que estorbaban, y desde las amplias escalinatas que se perdían a lo alto los grandes del Imperio lo rodeaban en pie—, en presencia de todos ellos envió al mensajero. El mensajero, un hombre brioso e infatigable, se puso prestamente en camino. Extendiendo ora un brazo ora el otro, se abre paso a través de la multitud. Si alguien le entorpece, se señala el pecho, donde lleva marcado el signo del sol. De todos modos, nadie avanza con mayor facilidad que él. Pero la multitud es ingente y sus viviendas no terminan nunca. ¡Qué raudo volaría si tuviera el camino libre, y qué pronto escucharías los terribles golpes de sus puños en tu puerta! Pero en vez de eso, ¡qué inútilmente se esfuerza por avanzar! Todavía va por los aposentos del interior del palacio, abriéndose paso a la fuerza. Pero nunca los dejará atrás. Y, aunque lo lograra, de nada le serviría, pues aún tendría que pugnar para bajar las escaleras. Y, aunque lo lograra, de nada le serviría, pues aún le quedarían por atravesar todos los patios. Y, tras los patios, el segundo palacio que rodea al primero. Y de nuevo escaleras y patios. Y de nuevo otro palacio. Y así sucesivamente durante milenios. Y, aunque al final saliera corriendo de la última puerta —aunque eso jamás podría suceder—, aún se extendería ante él la ciudad imperial, el centro del mundo, sepultado bajo sus propios sedimentos. Nadie podría abrirse paso hasta aquí, y menos aún portando el mensaje de un muerto. Pero tú, sentado a tu ventana, sueñas con él cuando cae la noche.[42]

Mientras dura el sueño, el mensaje imperial va camino de su destinatario elegido. En definitiva, es la esperanza la que crea el mensaje o lo sueña.

Esta parábola está incluida en la narración *De la construcción de la Muralla China,* cuyo tema es la desesperanzada esperanza en la finalización, prácticamente imposible, de las obras de la Muralla China. Se habla de la «desesperanza de un trabajo tan denodado, pero que nadie acabaría ni siquiera al cabo de toda una larga vida».[43] Es la esperanza desesperanzada la que mantiene en marcha las obras de construcción

42 Franz Kafka, *La muralla china y otros cuentos,* Ciudad de México, Editores Mexicanos Unidos, 1997, pp. 19 s.

43 *Ibid.,* p. 13.

de la Muralla. La parábola del mensaje imperial termina con estas palabras: «Exactamente así, con tal desesperanza y con tanta esperanza, mira nuestro pueblo al Emperador».[44] La esperanza absoluta es un proceso sin fin. El mensaje imperial no llega nunca. Precisamente el hecho de que no llegue es lo que mantiene viva la esperanza.

La interminable construcción de la Muralla crea una comunidad estable, pues el espíritu de la esperanza une al pueblo entero. En realidad, la Muralla no protege a la gente de enemigos externos. Hay quien conjetura que no existen los «pueblos del norte», de los que supuestamente debería proteger la Muralla a los chinos:

> Nunca los hemos visto [a los pueblos del norte], y mientras no abandonemos nuestra aldea nunca los veremos, por mucho que quieran precipitarse sobre nosotros al galope tendido de sus caballos salvajes... Demasiado inmenso es nuestro país y no permitirá que lleguen: en vano correrán contra el aire vacío.[45]

Pero, si no hay enemigos, ¿de qué protege la Muralla al pueblo? La Muralla afianza la comunidad *hacia dentro*. Incluso se podría decir

44 *Ibid.*, p. 20.
45 *Ibid.*, p. 17.

que es la construcción de la Muralla la que crea una comunidad basada en la empatía, el *alma colectiva*, el *pueblo unido*. La esperanza absoluta hace que las personas se unan y se alíen:

La vida tranquila en sus hogares, adonde regresaban para descansar durante algún tiempo, los fortalecía; el prestigio de que gozaban todos los constructores, la humilde credulidad con que se escuchaban sus relatos, la confianza que el sencillo y callado ciudadano tenía puesta en que algún día se acabaría de construir la Muralla: todo ello templaba las fibras de sus almas. Luego, se despedían de sus hogares y volvían a marcharse como niños eternamente esperanzados. Las ganas de volver al trabajo colectivo eran irresistibles. Se marchaban de casa antes de lo necesario. Media aldea los acompañaba durante un largo trecho. [...] Cada compatriota era un hermano para el que levantaban entre todos una muralla protectora [...] ¡Unidad! ¡Unidad! Hombro con hombro, una cadena de hermanos, una sangre que ya no se encerraba en la mezquina circulación del cuerpo, sino que circulaba dulcemente para acabar regresando siempre desde la China infinita.[46]

46 *Ibid.*, p. 14.

Hoy, en nuestra sociedad narcisista, la sangre está encerrada en la mezquina circulación de nuestros egos. Ya no fluye al mundo. Faltos de mundo, ya solo orbitamos en torno a nuestro ego. En cambio, la esperanza tiene amplitud. Funda un *nosotros*. En eso se distingue del deseo y de la mera expectativa.

Václav Havel, defensor de los derechos humanos contra el régimen comunista y presidente de Checoslovaquia tras el hundimiento del Bloque del Este, debió de sentir algo de esa esperanza absoluta en las horas de su desesperación más profunda. En una entrevista expone sus notables ideas sobre la esperanza:

> Lo primero que tendría que decir es que, tras haber meditado muy a menudo sobre la esperanza (sobre todo en situaciones especialmente desesperadas, como cuando estaba en la cárcel), la entiendo sobre todo, original y principalmente, como un estado espiritual [...]. La esperanza [...] es una dimensión anímica y, básicamente, no depende de cómo veamos el mundo ni de cómo valoremos las situaciones. La esperanza no es un pronóstico. Es una orientación para el espíritu, una orientación para el corazón, una orientación que trasciende el mundo tal como lo vivimos normalmente, una orientación cuyo norte está en la lejanía,

allende los límites del mundo. Me parece que no se puede explicar la esperanza simplemente como algo que deriva meramente de lo terrenal, de ciertos movimientos mundanos ni de signos propicios del mundo. Lo que quiero decir es que siento que sus raíces se hunden en algo trascendente [...]. La esperanza, en este sentido profundo y estricto, no tiene la medida de nuestra alegría por la buena marcha de las cosas ni la de nuestras ganas de invertir en empresas prometedoras de éxito inmediato, sino más bien la medida de nuestra capacidad de esforzarnos por algo simplemente porque es bueno, y no porque su éxito esté garantizado. Cuanto más adversa sea la situación en la que conservamos nuestra esperanza, tanto más profunda será esta. La esperanza no es optimismo. No es el convencimiento de que algo saldrá bien, sino la certeza de que algo tiene *sentido,* al margen de cómo salga luego. Por eso, pienso que es de otro sitio de donde sacamos la esperanza más profunda y decisiva, la única capaz de mantenernos a flote en medio de todas las adversidades y de alentarnos a hacer buenos actos, y la única fuente genuina de la grandeza del espíritu humano y de sus porfías. Sobre todo, es también la que nos da fuerzas para vivir y para intentar las cosas de nuevo, por muy desesperada que aparentemente sea la situación, como lo es esta de ahora.[47]

Para Havel, la esperanza es una «dimensión anímica», un «estado espiritual». Es una «orientación para el espíritu», una «orientación para el corazón» que *señala caminos*. Conduce a los hombres por territorios en los que no tienen más orientación que ella. Havel no sitúa la esperanza en la inmanencia del mundo, sino que supone que ella viene *de otra parte*, de una «lejanía». Hunde sus profundas raíces en lo «trascendente». Esta esperanza es *absoluta* porque no depende del curso intramundano de las cosas. Es inasequible a todo pronóstico, a todo cálculo. Havel no se considera optimista ni pesimista, pues la esperanza nada tiene que ver con cómo acaben saliendo las cosas. La esperanza no se puede reducir a un deseo ni a una expectativa. La envuelve un *aura de lejanía*. Por eso, es esencialmente indisponible. No se la debe falsear tomándola por un deseo positivo ni por la satisfacción de una necesidad.

Hoy perdemos la *lejanía* en todas partes. Por eso, solo tenemos deseos. Pero ya no podemos tener esperanza. Sin lejanía tampoco es posible la cercanía. Cercanía y lejanía se necesitan mutua-

---

47   Václav Havel, *Fernverhör. Ein Gespräch mit Karel Hvížd'ala,* Hamburgo, Rowohlt, 1990, pp. 219 ss (cursivas del autor).

mente. La cercanía no es falta de distancia, sino que incluye la lejanía. Donde no hay lejanía, se pierde también la cercanía. La cercanía hace más profunda la lejanía. Por eso, escribe Walter Benjamin:

> Se diría que el fenómeno del enajenamiento, que Kraus [...] describió con las bellas palabras «Cuanto más de cerca miramos una palabra, desde tanta mayor lejanía nos devuelve la mirada», puede hacerse extensivo también a lo óptico. Sea como fuere, encuentro entre mis apuntes una anotación que denota gran asombro: «Cómo sostienen la mirada las cosas».[48]

La *lejanía* nos trae el lenguaje de la *poesía*. En la sociedad de la información, el lenguaje pierde toda aura de lejanía y se reduce a información. La hipercomunicación digital nos deja *sin habla*. Por eso, vivimos en unos tiempos sin poesía. Quien solo consume informaciones ya no lee poemas.

La esperanza trasciende la inmanencia del albedrío humano. Hace que despunte un más allá de lo humano. Solo nace en vista de la negatividad absoluta. Es el desierto lo que la hace germinar. Paul Celan describe el carácter negativo y trascendente de la esperanza en estos versos:

---

48   Walter Benjamin, *Obras*, libro IV, vol. 1, Madrid, Abada, 2010, p. 366.

Soles irradiando sus hilos
sobre el gris negruzco del páramo.
Una idea
que se ha elevado tanto como un árbol
alcanza a atrapar una nota de luz:
donde no llegan los hombres
quedan aún canciones por cantar.

El «gris negruzco del páramo» representa la negatividad, que es tan característica de la esperanza. *El árbol de la esperanza* crece en el páramo. Además, la esperanza habita en un *más allá*, en una *trascendencia* que no se puede describir, sino solo *cantar*. Trasciende la inmanencia de lo meramente humano.

Heidegger desconoce el futuro como horizonte abierto a *nuevas e insospechadas* posibilidades *que no ha habido hasta ahora*. Según Heidegger, nada de lo que proyectamos en el mundo se sale de los límites de su condición de haber sido arrojado.[49] El pensamiento de Heidegger se ocupa de lo que campa en su esencia, de lo que campa como habiendo sido. En su pensamiento no cabe lo nonato, lo que jamás ha existido. Para él, lo más importante es *regresar* a lo *sido,* es decir, a la *esencia que campa.* Heidegger desconoce la intenciona-

---

49   Martin Heidegger, *Ser y tiempo,* Madrid, Trotta, 2018, p. 380.

lidad de los actos de *prever* y de *asomarse afuera*. La andadura de su pensar es *regresar a la esencia que campa y a lo que campa como habiendo sido*.

La noción de esperanza de Bloch no incluye el factor constitutivo de la negatividad. Para Bloch, la esperanza es una especie de «sentimiento totalmente positivo de expectativa».[50] Bloch hipostasia la esperanza declarándola un inquebrantable principio metafísico y hasta cósmico. Se habla de un «bien que se abre paso» y que, en su naturaleza laborante, se asemeja al topo hegeliano de la historia. Según Bloch, la esperanza inerva un proceso que casi se podría llamar químico, a través del cual el mundo se perfecciona:

> Los materiales que se forman en el mundo [...] rebosan de la tendencia de lo todavía inacabado a la totalidad, de lo alienado a la identidad, del entorno a la patria proporcionada. [...] Sin embargo, es imposible que la esperanza de un objetivo se avenga con una falsa saciedad, mientras que forzosamente se avendrá con la radicalidad revolucionaria. Lo torcido quiere enderezarse y lo demediado quiere totalizarse.[51]

50 Ernst Bloch, *El principio esperanza I, op. cit.*, p. 146.
51 *Ibid.*, p. 390.

Según Bloch, la esperanza es un apremio, inherente a la propia realidad, a que el mundo se perfeccione. Podrá verse defraudada o ignorada, pero siempre insistirá y persistirá *objetivamente,* cual fuerza casi cósmica. Terry Eagleton critica la noción de esperanza de Bloch por su *positividad:*

> Si la visión de Bloch fuera válida, entonces la esperanza fluiría siguiendo la corriente del universo, y no en dirección contraria. Pero, si eso es cierto, entonces cualquier acto concreto de esperanza se devalúa sutilmente. Al seguir la tendencia general del cosmos, actos tales costarían menos trabajo que la esperanza que porfía contra las adversidades, esa esperanza a la que no se renuncia ni en la situación más fatídica.[52]

La esperanza de Bloch carece de *porfía.* No es *osada.* No ha sido *sonsacada* de la negatividad de la desesperación. Precisamente su ubicuidad la devalúa:

> Hay que pagar un precio muy alto para que la esperanza sea duradera y esté bien fundada. Pero en el universo de Bloch se

52   Terry Eagleton, *Esperanza sin optimismo, op. cit.,* p. 155.

da el problema de que la esperanza abunda tanto, que su valor se reduce.[53]

La esperanza como «estado espiritual» no puede verse defraudada, porque no depende del curso intramundano de las cosas. Bloch no entiende bien la esperanza absoluta ni el espíritu de la esperanza cuando dice que toda esperanza puede e incluso debe verse defraudada. «Aunque la esperanza valga mucho, debe verse defraudada, pues *de lo contrario no sería esperanza*». Debe «poder verse defraudada [...] porque está abierta a lo que vendrá adelante, está abierta al futuro, y no se refiere a lo que ya hay».[54]

Frente a lo que Bloch supone, la esperanza no depende de cómo acaben saliendo las cosas, como observa Havel con acierto. El contenido de la esperanza es el profundo convencimiento de que algo tiene *sentido,* sin importar cómo acabará resultando. Su sitio está en la *trascendencia,* allende el curso intramundano de las cosas. Como *fe,* permite actuar en medio de la desesperación más absoluta. La diosa Esperanza *(Speranza)* llama a «Orfeo en los Infiernos» y lo conduce por el reino de los muertos, que representa la negatividad. Ahí es imposible orientarse

53   *Ibid.*, p. 169.
54   Ernst Bloch, *Kann Hoffnung enttäuscht werden?,* en *Literarische Aufsätze,* Frankfurt, Suhrkamp, 1985, pp. 385-392, aquí: p. 386.

sin *Speranza*. El Orfeo de Monteverdi convierte
esta *speranza assoluta* en un *canto:*

> *Scorto da te, mio Nume*
> *Speranza, unico bene*
> *Degli afflitti mortali, omai son giunto*
> *A questi mesti e tenebrosi regni*
> *Ove raggio di sol giammai non giunse.*
> *Tu, mia compagna e duce,*
> *In cosi strane e sconosciute vie*
> *Reggesti il passo debole e tremante,*
> *Ond'oggi ancora spero*
> *Di riveder quelle beate luci*
> *Che sol'a gl'occhi miei portan il giorno.*

Bajo tu protección, mi diosa
Esperanza, único bien
de los mortales afligidos,
he llegado ahora
a este lúgubre y tenebroso reino,
donde jamás penetran
los rayos del sol.
Eres tú, mi compañera y guía,
quien ha conducido por estos caminos
extraños y desconocidos
mi paso débil y tembloroso,
y por eso espero todavía
volver a ver esas luces benditas
que a mis ojos no traen más que el día.

Δημήτης ηυκορου, σεμνν.   Θεάν

αὐτὴν καὶ κούρην περικαλλε
περικ

Esperanza y conocimiento

EL pensamiento tiene una dimensión afectiva y corporal. Walter Benjamin llamaba «imágenes que nos hacen pensar» a las expresiones plásticas de los pensamientos y a los fenómenos que los ilustran, y decía que *la primera imagen que nos hace pensar es la carne de gallina.* Cuando una *imagen nos hace pensar* es porque tiene un fuerte arraigo corporal. Sin afectos, emociones ni pasiones, y en general sin *sentimientos,* no hay conocimiento. Los sentimientos *inervan* el pensamiento. Ese es exactamente el motivo por el que la inteligencia artificial no puede pensar. Los sentimientos y los afectos no pueden reflejarse en algoritmos, porque son *acontecimientos analógicos y corporales.* La inteligencia solo es capaz de calcular. La palabra *inteligencia* viene de *inter-legere,* que significa «escoger entre». Uno escoge entre posibilidades *que ya están dadas.* Por eso, a diferencia del pensar, la inteligencia no genera *nada nuevo.* Quien realmente es capaz de *pensar* no es inteligente.

El pensamiento es lo único que nos abre las puertas de lo *totalmente distinto*. Por eso, como diría Deleuze, quien *piensa* es un idiota. Pensar es un gesto de hacer el idiota, *«faire l'idiot»*.[1] Solo quien puede ser idiota lleva a cabo un nuevo comienzo, rompe radicalmente con lo que había y encomienda lo *sido* a lo *venidero*. *Solo un idiota puede tener esperanza.*

En *Amor y conocimiento*, Max Scheler cita a Goethe:

> Solo se conoce lo que se ama, y cuanto más profundo y exhaustivo deba ser el conocimiento, tanto más fuerte e intenso deberá ser el amor, e incluso la pasión.[2]

También Pascal está convencido de que «los objetos que se ofrecen a los sentidos y que seguidamente juzga la razón solo *aparecen* con la evolución del amor y en los procesos amorosos».[3] Frente a lo que normalmente se supone, no alcanzamos conocimientos a base de refrenar nuestras pulsiones emocionales,

1 www2.univ-paris8.fr/deleuze/article.php3?id_article=131 [último acceso: 26 de noviembre de 2023]; Philippe Mengue, *Faire l'idiot. La politique de Deleuze*, París, Germina, 2013.

2 Max Scheler, *Amor y conocimiento y otros escritos*, Madrid, Palabra, 2009, p. 11.

3 *Ibid.*, p. 12.

sino que es la atención guiada por el amor, la dedicación amorosa al mundo, la que marca los pasos cognoscitivos, desde la percepción sensorial más elemental hasta las imágenes mentales más complejas. Pascal llega a escribir incluso que «amor y razón son una y la misma cosa».[4] El amor no nos hace ciegos, sino *videntes*. Solo el amante abre los ojos. El amor no distorsiona la realidad, sino que nos revela su *verdad*. Hace que la visión sea más nítida. Cuanto más fuerte sea el amor, tanto más profundo será el conocimiento. San Agustín escribe: «*Tantum cognoscitur, quantum diligitur*», «solo conocemos lo que amamos».[5]

Amar es más que interesarse solo por cosas que ya existen. De hecho, solo gracias al amor alcanzan las cosas su existencia más plena. Scheler nos recuerda que san Agustín, «de una forma extraña y prodigiosa», atribuía a las plantas el deseo «de que los hombres las contemplen, como si las plantas experimentaran algo análogo a la redención cuando los hombres, inspirados por el amor, las conocen en su ser».[6] Es la mirada amorosa la que redime a la flor de sus carencias ontológicas. El amor la lleva a alcanzar su

4 *Ibid.*
5 Cit. por Jürgen Moltmann, *Teología de la esperanza, op. cit.*, p. 45.
6 Max Scheler, *Amor y conocimiento y otros escritos, op. cit.*, p. 47.

plenitud ontológica. La flor se consuma cuando la conocemos amándola. La mirada amorosa redime a la flor.

Ya Platón decía que el amor es constitutivo del conocimiento. El amor como eros es la aspiración del alma a un conocimiento más perfecto. El pensamiento es un acto amoroso. El filósofo es un erotómano, un amante de la verdad. El pensamiento guiado por el amor culmina en la visión extática de la *idea de belleza* como conocimiento supremo. Siguiendo a Platón, también Heidegger concibe el pensar como una pulsión movida por el eros. El eros inspira al pensar. Le da alas:

> Lo llamo Eros, el más antiguo de los dioses según las palabras de Parménides. El aleteo de ese dios me toca siempre que, al pensar, doy un paso esencial y me aventuro por caminos intransitados.[7]

El pensamiento como eros ha sido un tema reiterativo a lo largo de toda la historia de la filosofía. En *¿Qué es la filosofía?*, Deleuze y Guattari declaran el eros la condición del acto de pensar, de modo que el filósofo debe ser un amigo, e incluso un amante. El eros como *relación vital con lo distinto* es la «condición

7   Martin Heidegger, *¡Alma mía! Cartas a su mujer Elfride 1915-1970*, Buenos Aires, Manantial, 2008, p. 271.

de posibilidad del pensamiento mismo, una categoría viva, una vivencia trascendente».[8] Al pensamiento le es esencial *anhelar lo diferente, afanarse por algo distinto y atópico,* por algo que no se pueda *comparar con nada.*

Si falta el eros, nos quedamos encerrados en el *infierno de lo igual.* Deleuze plantea una pregunta muy profunda:

> ¿Qué significa «amigo», cuando se ha convertido en [...] condición para el acto de pensar? ¿O tal vez amante? ¿No será más bien un amante? ¿Y acaso el amigo no reintroducirá de nuevo en el pensar una relación vital con lo distinto, que se creía haber expulsado del pensamiento puro?[9]

La inteligencia artificial no es capaz de pensar porque no tiene *amigos* ni *amantes.* No sabe lo que es el *eros.* No *anhela lo distinto.*

El conocimiento como *visión esencial guiada por el amor* no es *prospectivo,* sino *retrospectivo.* En la *Lógica* de Hegel leemos:

> El lenguaje ha conservado la esencia [*Wesen*] en el tiempo pretérito del verbo

8   Gilles Deleuze y Félix Guattari, *¿Qué es la filosofía?*, Barcelona, Anagrama, 2001, p. 9.
9   *Ibid.*

ser, lo «sido» *[gewesen],* pues la esencia es el ser pretérito, pero pretérito en el sentido de atemporal.[10]

Según Platón, el conocimiento se produce como una reminiscencia de las ideas *que ya fueron,* es decir, de las ideas preexistentes. El conocimiento es una *visión esencial* de lo *sido.* El eros platónico no nos anima a buscar lo abierto, lo venidero, sino que anhela la esencia, en el sentido de lo sido. También en Heidegger la temporalidad del conocimiento es el «campar como habiendo sido». El pensamiento está camino de la *verdad,* entendiendo por verdad el «ser que es atemporal en cuanto que pasado». Hay que superar el «olvido del ser» evocando su reminiscencia, haciéndolo de nuevo presente con la fuerza del eros como «aspiración ontológica».[11] Según Heidegger, el pensar *«regresa* a lo sido»,[12] a «lo que no se puede pensar por anticipado».[13] Rastrea expresamente lo que *siempre ha sido ya.* Pero lo *venidero, lo nonato,* le cierra sus puertas.

10   G. W. F. Hegel, *Ciencia de la lógica,* Madrid, Abada, 2011, p. 437.

11   Martin Heidegger, *De la esencia de la verdad. Sobre la parábola de la caverna y el Teeteto de Platón,* Barcelona, Herder, 2006, p. 226.

12   *Id., Aportes a la filosofía. Acerca del evento,* Buenos Aires, Biblos, 2003, p. 126.

13   *Ibid.,* p. 332.

No solo el amor, sino también la esperanza genera sus propios conocimientos. Pero, a diferencia del amor, la esperanza no atiende a lo *sido,* sino a lo *venidero,* y *conoce* lo que todavía no es. La temporalidad de la esperanza no es el haber sido, sino el futuro. Su modo de conocer no es retrospectivo, sino prospectivo. Es una *«pasión por lo posible»*[14] que dirige la mirada hacia lo que *aún no es,* hacia lo *no nacido.* Le abre a la realidad posibilidades futuras. Basándose en las famosas palabras de san Anselmo de Canterbury *«fides quaerens intellectum – credo ut intelligam»* («creo para poder entender»), Moltmann escribe: *«spes quaerens intellectum – spero ut intelligam»,* «tengo esperanza para poder entender».[15] La esperanza agranda el alma para que acoja las cosas grandes *(extensio animi ad magna).* Por eso, es una excelente vía de conocimiento.

En su lección sobre la Epístola a los Romanos (1516), Lutero medita sobre el pensamiento que vive esperanzado:

El apóstol filosofa y piensa sobre las cosas de modo diferente a como lo hacen los filósofos y los metafísicos, pues los filósofos

14 Jürgen Moltmann, *Teología de la esperanza, op. cit.,* p. 43.
15 *Ibid.,* p. 41.

ponen la mirada en el presente de las cosas y solo reflexionan sobre las propiedades y las esencias, mientras que el apóstol nos hace apartar la vista del presente de las cosas, de sus esencias y sus propiedades, y nos hace mirar hacia su futuro. El apóstol no nos habla de la esencia ni de los actos de la criatura, de la *actio,* de la *passio* ni del movimiento, sino [...] de la *expectatio creaturae,* de la «expectación de la criatura».[16]

Quien tiene esperanza no pone su atención en la esencia, en lo que ha sido ni en la presencia de las cosas *(presentiam rerum)*, sino en su *futuro,* en sus *posibilidades futuras.* El pensamiento esperanzado no se articula en *conceptos,* sino en *anticipaciones* y en *presentimientos.* Es la esperanza la que nos abre el *campo de posibilidades* antes de que podamos fijarnos un objetivo concreto: «¡Presagios del futuro! ¡Celebrar el futuro, no el pasado! ¡Cantar el mito del futuro! ¡Vivir en la esperanza! ¡Momentos de dicha! Y, después, bajar el telón y centrar *los pensamientos en objetivos fijos e inmediatos».*[17] Si no tenemos esperanza, nos quedamos atrapados en lo que ha sido o en lo que no debería existir. Es la

16 Cit. en Jürgen Moltmann, *Teología de la esperanza, op. cit.*, pp. 43 s.
17 Friedrich Nietzsche, *Fragmentos póstumos, Volumen III (1882-1885)*, Madrid, Tecnos, 2010, p. 412.

esperanza la que genera acciones plenas de sentido, actos que traen novedades al mundo.

Moltmann comenta que el pensamiento esperanzado no mira a la realidad con los «ojos nictálopes de la lechuza de Minerva».[18] Fue Hegel quien tomó la lechuza de Minerva como metáfora para ilustrar que la filosofía solo capta lo que ya se ha hecho historia, es decir, lo *sido:*

> Como pensamiento sobre el mundo, [la filosofía] solo aparece en el tiempo una vez que la realidad ya ha finalizado su proceso de formación y está terminada. [...] Las formas vitales ya han envejecido cuando llega luego la filosofía para pintar sus grises en grisallas. Pero las grisallas no rejuvenecen esas formas vitales, sino que solo nos las dan a conocer. La lechuza de Minerva solo emprende su vuelo cuando empieza a anochecer.[19]

Hegel le niega a la filosofía la capacidad de *captar* lo venidero. La «grisalla» es la pintura de lo sido. La filosofía es una *reflexión posterior,* y no un *pensamiento precursor.* No es *prospectiva,*

18 Jürgen Moltmann, *Teología de la esperanza, op. cit.,* p. 44.

19 G. W. F. Hegel, *Rasgos fundamentales de la filosofía del derecho o compendio de derecho natural y ciencia del Estado,* Madrid, Biblioteca Nueva, 2000, p. 76.

sino *retrospectiva*. En cambio, el pensamiento esperanzado descubre en la realidad nuevas posibilidades suyas que *todavía no había habido*. La filosofía como pensamiento precursor es, tal como replica Karl Ludwig Michelet a Hegel en una conversación, «el canto de gallo al despuntar un nuevo amanecer que anuncia una figura rejuvenecida del mundo».[20]

Para el esperanzado pensamiento mesiánico, el pasado no ha concluido ni está congelado como lo que fue. El pasado *sueña hacia delante,* con la mente puesta en el futuro y en lo venidero. En cambio, *la esencia cuando campa no sueña.* Ella campa como *habiendo sido,* y como tal está terminada y cerrada. Quien tiene esperanza descubre en las cosas contenidos oníricos ocultos y los interpreta como *misteriosos signos del futuro.* Mira al pasado desde la óptica del soñador. Al despertar, su conciencia se transforma:

> Y, efectivamente, el paradigma de recordar es despertar, que es cuando logramos recordar lo más inmediato, lo más banal, lo más obvio. Eso que pretendía Proust cuando hacía el experimento de correr los muebles por la mañana estando aún

20 Carl Ludwig Michelet, *Wahrheit aus meinem Leben,* Berlín, 1884, p. 90.

medio dormido, y eso que Bloch percibe como la oscuridad del instante vivido, es lo mismo que aquí debe asegurarse colectivamente en el nivel de lo histórico. Existe un modo de saber lo que fue aunque todavía no seamos conscientes de ello, y el proceso de hacernos conscientes de ese saber tiene la estructura del despertar.[21]

Soñar es un medio para conocer. Benjamin sumerge las cosas hasta un nivel onírico profundo para sonsacarles el *lenguaje secreto de la esperanza*. El significado que las cosas tenían en el pasado no se reduce a lo que ellas *fueron* entonces. En sus sueños, es decir, en sus esperanzas, las cosas trascienden sus límites históricos. Por ejemplo, Benjamin escribió los «Pasajes de París» en vista de una producción industrial y un capitalismo típicamente decimonónicos, pero esos «Pasajes» ya contienen algo que todavía estaba por realizar dentro del orden industrial capitalista: «Toda época tiene un lado vuelto hacia los sueños: su *lado infantil*».[22]

El pensamiento de Benjamin pone al descubierto «las inmensas fuerzas de la historia que estaban adormecidas en el "érase una vez" del

21 Walter Benjamin, *Libro de los pasajes*, Madrid, Akal, 2005, p. 875.
22 *Ibid.*, p. 835.

relato histórico clásico».[23] Benjamin es como un *intérprete de sueños* que descubre en los sueños y las esperanzas de las cosas «un mundo de particulares afinidades secretas», un mundo en el que las cosas entablan las «relaciones más contradictorias» y revelan unas «afinidades indeterminadas».[24] En esto se parecen mucho Benjamin y Proust. Para Proust, el sueño revela el verdadero mundo interior que ocultan las cosas. Quien sueña se sumerge hasta un estrato ontológico muy profundo, en el que la vida teje sin cesar nuevos hilos entre los acontecimientos, formando así una tupida red de relaciones. La verdad provoca encuentros sorprendentes. Esos encuentros acontecen cuando el soñador

> toma dos objetos diferentes y establece su relación, [...] como la vida, cuando, adscribiendo una calidad común a dos sensaciones, aísla su esencia común reuniendo una y otra.[25]

Los sitios favoritos de la verdad son el sueño y el adormecimiento. En ellos se derogan las separaciones nítidas y las delimitaciones tajantes, que son características de la vigilia. Según

23 *Ibid.*, p. 856.
24 *Ibid.*, p. 825.
25 Marcel Proust, *El tiempo recobrado*, Madrid, Alianza, 2022, p. 262.

Proust, las cosas solo revelan su verdad «en el sueño muy vivo y creador del inconsciente (sueño en el que acaban de grabarse las cosas que solamente nos rozan, en el que las manos dormidas agarran la llave que abre, en vano buscada hasta entonces)».[26] El sueño se nutre de esperanzas. *Las cosas tienen esperanza cuando sueñan.* O sueñan porque tienen esperanza. La esperanza las libera de su calabozo histórico, porque les abre las puertas de lo posible, de lo nuevo, de lo venidero, de lo nonato. Y así las salva, llevándolas al *futuro.* Ayuda a que las cosas encuentren su verdad más profunda rompiéndoles sus costras y sacándolas de sus anquilosamientos, que se les habían creado con el paso del tiempo histórico. La esperanza vive con sus sueños en un tiempo mesiánico.

También Adorno entiende la esperanza como un *medio de la verdad.* Para el pensar esperanzado, la verdad no es algo que haya sido ya y ahora solo se tenga que sacar posteriormente a la luz, sino algo que hay que *conquistar* luchando contra lo *falso,* contra lo que *no debería existir*. Su sitio no es lo que ha sido, sino el futuro. A la verdad es esencial un núcleo utópico y mesiánico. La verdad debe sacarnos de la existencia que hemos llegado a calar como falsa:

---

26   *Id.*, *La prisionera*, Madrid, Alianza, 1995, p. 368.

Al final es la esperanza, tal como se le son-saca a la realidad cuando la negamos, la única figura bajo la que aparece la verdad. Sin esperanza apenas sería concebible la idea de verdad, y la falsedad cardinal se-ría hacer pasar por verdad una existencia que ha resultado ser falsa solo porque la hemos calado como tal.[27]

En *Minima moralia* leemos: «El arte es la magia liberada de la mentira de ser verdad».[28] Como «descendiente de aquella magia» que «separaba lo santo de lo cotidiano y que ordenaba pre-servarlo en su pureza»,[29] el arte está sometido a una «esfera de sus propias leyes», que no obedece a la lógica de lo existente. Por eso, se aferra al «derecho a la alteridad». De este modo, el arte abre un *campo de posibilidades,* en el que destella el *presagio de una verdad* superior. *La propia esperanza tiene algo de magia.* No le interesa la lógica de lo existente. La esperanza es alentada por la fe de que todo podría ser de otra manera. La belleza, como medio de una esperanza que habita más allá de la racionali-dad teleológica profana, hace que despunte un *mundo posible* allende lo existente:

27   Theodor W. Adorno, *Minima Moralia,* Madrid, Taurus, 2001, p. 97.
28   *Ibid.*, p. 224.
29   *Id.*, *Prismas*, Barcelona, Ariel, 1962, p. 141.

En la magia [...] de la belleza [...], la apariencia de omnipotencia se refleja [...] como esperanza. Se ha librado de toda prueba de fuerza. La absoluta falta de finalidad desmiente la totalidad de lo funcional en el mundo del dominio, y solo gracias a esa negación [...] la sociedad existente sigue siendo consciente, hasta el día de hoy, de otra sociedad posible.[30]

También Ernst Bloch se distancia de la hegeliana lechuza de Minerva, que vuela en pos de lo que ya fue:

En el *Menón* leemos que todo saber no es más que *anamnesis*. En la anamnesis o reminiscencia, el alma vuelve a recordar lo que ya había contemplado en el reino de las esencias antes de nacer. [...] Bajo el hechizo de esa anamnesis, se consideraba que el ser —que antes había sido ser esencial, *ontos on*— solo alcanzaba su forma más plena una vez que ya había sido: la esencia es el campar de lo que ha sido. Ese hechizo llegó hasta Hegel, es más, culminó en él, o al menos en su Minerva crepuscular, cuyo saber tenía como único objeto el contenido de lo que había llegado

30   *Id.*, *Minima moralia, op. cit.*, p. 226.

a ser; ese hechizo culminó con el repudio de la apertura que conlleva lo que todavía no es, con el rechazo de las reservas de posibilidades aún no realizadas.[31]

La lechuza de Minerva es ciega para el *naciente esplendor de lo nuevo,* que no se somete a la lógica de la esencia. El pensamiento de la esperanza desplaza el interés cognoscitivo desde el pasado hacia el futuro, desde lo sido hacia lo venidero, y opone al *ya de siempre,* como temporalidad de la esencia, el *todavía no.*

Bloch opone al gris el azul, que es el color de la esperanza: «Este azul, que es el color de la lejanía, designa tanto plástica como simbólicamente lo que tiene futuro, lo que aún no ha llegado a ser real».[32] Goethe define el azul como una «nada estimulante». Es el «todavía no» que nos seduce y concita en nosotros una nostalgia. El azul nos trasporta a la lejanía. Por eso, escribe Goethe:

Como nos sucede cuando contemplamos el alto cielo o unos montes lejanos, también aquí nos parece que una superficie azul retrocede cuando la observamos. E igual que nos gusta seguir un objeto

31 Ernst Bloch, *Philosophische Grundfragen I. Zur Ontologie des Noch-Nicht-Seins,* Frankfurt, Suhrkamp, 1961, p. 23.

32 Ernst Bloch, *El principio esperanza I, op. cit.,* p. 162.

agradable que huye de nosotros, también nos gusta contemplar el azul, no porque se nos eche encima, sino porque nos arrastra tras de sí.[33]

Una sociedad que, como la actual, carece de toda esperanza está envuelta en gris. Le falta la *lejanía*.

Infundidos del espíritu de la esperanza, contemplamos lo venidero incluso en el pasado. Lo venidero como lo realmente nuevo, como lo *distinto, es el sueño, la visión que el pasado soñó despierto*. Sin el espíritu de la esperanza nos quedamos atrapados en lo igual. Ese espíritu rastrea en el pasado las *huellas* de lo venidero. Como dicen las bellas palabras de Benjamin: «El pasado lleva consigo un índice secreto que le recuerda que hay una redención».[34]

Yo no soy trasparente para mí mismo. La capa consciente de nuestra psique es muy fina. La rodean amplios bordes oscuros. Podemos no ser conscientes de lo que percibimos, incluso aunque eso determine ya nuestros actos. Los conocimientos no se asientan solo en la conciencia clara, sino también en la semiconsciencia. Hay conocimientos que solo son accesibles para la

33   Johann W. Goethe, *Zur Farbenlehre, Hamburger Ausgabe,* vol. 13, Hamburgo, C. H. Beck, 1971, p. 498.
34   Walter Benjamin, «Sobre el concepto de historia», en *Obras,* libro I, vol. 2, Madrid, Abada, 2008, p. 306.

esperanza, pero esos conocimientos nosotros aún no los hemos comprendido. Ni siquiera somos aún conscientes de ellos ni los sabemos. Su estado ontológico es el de aquello «de lo que todavía no somos conscientes». Vienen del futuro:

> Aquello de lo que todavía no somos conscientes es la preconsciencia de lo venidero, el lugar psíquico donde nace lo nuevo. Si se mantiene en un nivel preconsciente es, sobre todo, porque encierra un contenido de conciencia que apenas despunta desde el futuro, pero que todavía no se ha manifestado por completo.[35]

Bloch distingue estrictamente entre aquello de lo que todavía no somos conscientes y el inconsciente del psicoanálisis. En el inconsciente yacen los acontecimientos pasados reprimidos. En el ámbito del inconsciente no acontece *nada nuevo*. El inconsciente «no es una conciencia que despierta con contenidos nuevos, sino una conciencia anterior cuyos contenidos son también antiguos».[36] Le falta el *esplendor* de lo venidero. Está marcado por las regresiones.

35 Ernst Bloch, *El principio esperanza I, op. cit.*, pp. 150 s.
36 *Ibid.*, p. 149.

En ese inconsciente se va sedimentando el pasado angustioso que atormenta al presente y bloquea el futuro. Aunque el psicoanálisis también proporciona conocimientos, lo cierto es que esos conocimientos solo sirven para esclarecer el pasado. No son las regresiones, sino las progresiones las que franquean el acceso a aquello de lo que todavía no somos conscientes, a lo venidero, a lo nonato, a lo que por ahora es una preñez de corazonadas y presentimientos, a modo de vislumbres de colores. Los sueños nocturnos surgen del inconsciente. En cambio, las visiones con que soñamos despiertos nacen de aquello de lo que todavía no somos conscientes. Según Bloch, quien tiene esperanza «no olisquea una rancia humedad de sótano, sino que aspira una fresca brisa matutina».[37] Aquello de lo que todavía no somos conscientes es «la representación psíquica de lo que todavía no ha llegado a ser en su época y en su mundo, en la vanguardia del mundo».[38] Es un «fenómeno del *novum*». La esperanza interviene en gran medida en la generación de lo nuevo.

Ya hemos señalado que la esperanza viene *de otra parte*. Su *trascendencia* la vincula con la *fe*. Sin embargo, Bloch priva a la esperanza de

---

37 *Ibid.*, p. 151.
38 *Ibid.*, p. 162.

toda *trascendencia* y la somete a la *inmanencia de la voluntad*:

> En la esperanza consciente y conocida nunca hay nada débil, sino que en ella anida una voluntad: debe ser así, tiene que ser así. El gesto de deseo y voluntad prorrumpe aquí con todas sus energías [...]. Se requiere andar erguido, se necesita una voluntad que no se someta a nada de lo que ya ha llegado a ser. Andar erguido es su privilegio.[39]

La esperanza de Bloch es robusta y rebelde. Carece de toda dimensión contemplativa. Sin embargo, la esperanza no anda erguida. Su postura básica no es la marcha erecta, sino *estirarse hacia delante y aguzar el oído para oír mejor.* A diferencia de la voluntad, no se subleva. Es un aleteo que nos *porta.*

La esperanza tiene esencialmente una dimensión contemplativa. Pero, como Hannah Arendt otorga un primado absoluto a la *vita activa,* es inevitable que margine a la esperanza. También Bloch entiende la esperanza principalmente desde su lado activo. La alienta una voluntad prometeica. Bloch erige a Job en *rebelde de la esperanza.* Job se subleva contra

39 *Ibid.*, p. 184.

Dios por las injusticias padecidas. Para Bloch, Job ya no confía más en la justicia divina. Dios es reemplazado por el «optimismo militante» de los hombres: «en el Libro de Job comienza la tremenda inversión de los valores, el descubrimiento del potencial utópico que hay dentro de la esfera religiosa: un hombre puede ser mejor y comportarse mejor que su dios».[40]

La esperanza se distingue radicalmente de lo que Bloch llama «optimismo militante». La esperanza me infunde ánimos en medio de la desesperación más absoluta. Gracias a ella vuelvo a *levantarme*. Quien tiene esperanza se hace *receptivo* para lo nuevo, para nuevas posibilidades que, de no haber esperanza, ni siquiera se percibirían. El espíritu de la esperanza habita en un campo de posibilidades que trasciende la inmanencia de la voluntad. La esperanza hace innecesarios los pronósticos. Quien tiene esperanza confía en lo imprevisible, cuenta con que haya *posibilidades contra toda probabilidad*.

---

40   Ernst Bloch, *El ateísmo en el cristianismo*, Madrid, Taurus, 1983, p. 105.

Esperanza como forma de vida

AUNQUE la esperanza se opone diametralmente a la angustia, estructuralmente es afín a ella, pues ninguna de ellas se refiere a nada concreto. En eso se diferencia la angustia del miedo, que siempre se siente *de algo* determinado. Uno no se angustia de nada concreto, sino del hecho mismo de estar en el mundo. Es justamente esta indeterminación la que le confiere tanta intensidad a la angustia. Tampoco el objeto de la esperanza en cuanto que *spes qua* se puede representar de forma concreta. Y, sin embargo, la esperanza define y *templa* radicalmente nuestro ser. Por eso, la esperanza se puede entender, igual que la angustia, como un *modo ontológico* básico, es decir, como eso que Heidegger denomina un *existencial*.

En *Ser y tiempo,* los estados de ánimo tienen una importancia capital. El hecho de que «estemos aquí», incluso este «aquí» primario, no se nos transmite en forma de conocimiento ni de percepción objetiva, sino como estados de ánimo:

> El estado de ánimo ya ha abierto siempre
> el estar-en-el-mundo en su totalidad, y es lo
> que hace posible por primera vez dirigirse
> hacia...[1]

Antes de que podamos centrar nuestra atención en algo, ya *nos encontramos* de un determinado estado de ánimo. El estado de ánimo no es una sensación subjetiva de la que posteriormente se tiñan los objetos, sino que nos abre el mundo en un nivel previo a la reflexión. Antes de tener cualquier percepción consciente, ya hemos experimentado el mundo desde un estado de ánimo. El estado de ánimo nos abre las puertas al «aquí» en un nivel previo a la reflexión. Ese «aquí», cuyas puertas nos ha abierto el estado de ánimo, *cimenta* el «estar en el mundo» y también define y *templa* el pensar. Estar aquí es, antes que nada, estar templado. Siempre *nos hallamos* de un determinado estado de ánimo, antes de que, mediante actos perceptivos, podamos *hallar lo que hay dado. Hallarse* de un estado de ánimo antecede a todo *hallar* algo dado. *Siempre* estamos metidos *ya* en un estado de ánimo. Lo que nos abre por primera vez las puertas a la estancia en el mundo no es el conocimiento, sino el estado de ánimo.

---

1 Martin Heidegger, *Ser y tiempo, op. cit.*, p. 156.

El estado de ánimo básico que prevalece en *Ser y tiempo* es la angustia. Heidegger opina que, para hacer una analítica existencial de la «existencia» —tal es la designación ontológica del hombre—, habrá que mirar cuál será el estado de ánimo que nos abra el ser de la existencia «del modo más amplio y original». Ese estado de ánimo es, según Heidegger, la angustia: «El análisis se basa en el fenómeno de la *angustia,* que es una disposición afectiva que satisface las exigencias metódicas».[2] ¿En qué sentido es justamente la angustia la que satisface las «exigencias metódicas» de una analítica existencial de la existencia? Heidegger dice lapidariamente: «Pero solo en la angustia se da la posibilidad de una apertura privilegiada, porque ella aísla».[3]

Priorizar ontológicamente la angustia por encima de todos los demás temples anímicos no es, en realidad, una decisión meramente *metodológica,* sino una decisión *existencial,* pues la angustia no es el único estado de ánimo que abre y esclarece la existencia humana, habiendo también otros temples positivos que lo hacen tan ampliamente como ella. Por ejemplo, en la *alegría* como estado de ánimo el mundo se nos muestra totalmente distinto que en temples negativos como la angustia o el abu-

2   *Ibid.*, p. 201.
3   *Ibid.*, p. 209.

rrimiento. Al priorizar la angustia, Heidegger convierte el aislamiento en rasgo esencial de la existencia humana. Heidegger entiende la existencia humana primariamente desde el ser sí mismo, y no desde la coexistencia con otros.

Según Heidegger, la angustia surge cuando se derrumba el edificio de los modelos familiares y cotidianos de percepción y comportamiento, en el que habitualmente estamos instalados con toda obviedad. Ese derrumbe da paso a una «intemperie». La angustia saca a la existencia de su «esfera pública cotidiana», de la «interpretación pública».[4] En la cotidianidad se hace una interpretación conformista del mundo. La gente obedece a modos ya implantados de percibir y de juzgar, como si fueran obvios. Esta conducta conformista es encarnada por el «uno impersonal», que nos dicta cómo debemos actuar, percibir, juzgar, sentir y pensar: «Gozamos y nos divertimos como *se* goza; leemos, vemos y juzgamos sobre literatura y arte como *se* ve y se juzga, pero también nos indignamos de aquello de lo que *uno* se indigna».[5] El «uno impersonal» aliena a la existencia de su posibilidad ontológica más propia: «En esta forma de compararse tranquilamente con todo *entendiéndolo* todo, la existencia cae en una aliena-

4 *Ibid.*, p. 206.
5 *Ibid.*, p. 146.

ción, en la cual le queda oculta su posibilidad ontológica más propia».[6] Esta posibilidad solo se le abre a la existencia con la angustia. Este es el argumento central de *Ser y tiempo*: para no caer en el «uno impersonal» hay que abrazar el sí mismo más propio, hay que hacer realidad la posibilidad ontológica más propia. Solo la angustia nos salva de la alienación. En ella, la existencia se recobra finalmente *a sí misma*. «La forma original de hacerse compañía a sí mismo es la existencia desapacible».[7]

La angustia nos libera de la «existencia pública cotidiana del uno impersonal», en la que uno se había habituado a vivir distrayéndose de sí mismo. Pero, en esa liberación, la angustia aísla a la existencia en sí misma.

Ya nada nos puede ofrecer el *mundo* ni la coexistencia con los demás. Así es como la angustia priva a la existencia de la posibilidad de entenderse a sí misma desde el *mundo* y la interpretación pública, en los que había caído. La angustia arroja de nuevo la existencia a aquello que la acongoja, y en eso consiste su manera más propia de poder estar en el mundo.[8]

6 *Ibid.*, p. 196.
7 *Ibid.*, pp. 302 s.
8 *Ibid.*, p. 206.

En la angustia, la existencia pierde su «hogar» familiar. Se desmorona el «hogar de la existencia pública», el horizonte habitual de comprensión y de sentido.

La angustia se produce cuando se hunde el suelo sobre el que se asentaba el mundo cotidiano. En la angustia se abre un abismo. Pero ¿cómo se podría volver a construir un mundo sobre el abismo? ¿Cómo sería posible actuar de nuevo sin que la existencia recaiga en la cotidianidad? ¿Con qué se puede orientar la existencia una vez que el mundo cotidiano se ha desmoronado? ¿Qué le brinda asidero? Heidegger invoca obsesivamente al sí mismo más auténtico, impele a abrazar la posibilidad más propia de ser sí mismo y exhorta a sostenerse por sí mismo. La «resolución» al sí mismo más propio es lo único que puede capacitar a la existencia para «bajar, a través de la desprotección y el desamparo, hasta el fondo del abismo e instalar ahí la *estancia*».[9] *¿Estar en el abismo* solo es posible cuando uno se ha resuelto al sí mismo más propio, cuando se ha resuelto a sostenerse por sí mismo? Heidegger se aferra a la *inmanencia del sí mismo,* y renuncia a toda trascendencia que pudiera brindar asidero y dar orientación a la existencia. La existencia solo responde a la «llamada» de su interior, que le ex-

9 Martin Heidegger, *Aportes a la filosofía. Acerca del evento,* Buenos Aires, Biblos, 2003, p. 385.

horta a abrazar su sí mismo más propio. Abrazar el sí mismo más propio ya es para Heidegger una acción, un «*actuar en sí mismo*».[10] Actuar en sí mismo es un actuar puro, un actuar que, por así decirlo, *repercute en sí mismo* y *se quiere a sí mismo,* pero sin referencia a ningún suceso intramundano.

¿A qué se atiene la existencia angustiada en su actuar intramundano, una vez que, de todos modos, la interpretación pública del mundo cotidiano ya ha perdido toda vigencia? ¿Puede la existencia, «sosteniéndose a sí misma», abordar nuevas posibilidades ontológicas totalmente distintas, que se diferencien radicalmente de las «insustanciales» posibilidades del uno impersonal? Pues bien, ni siquiera en su aislamiento la existencia es totalmente libre, pues siempre se encuentra ya arrojada a determinadas posibilidades ontológicas definidas y *templadas.* Como la existencia siempre «se encuentra ya arrojada», nunca es libre para proyectar posibilidades ontológicas. Aunque la existencia se resuelva a su posibilidad más propia de ser sí misma, ni siquiera entonces se le abrirá lo *nuevo,* lo *totalmente distinto:*

En la resolución, la existencia se juega su posibilidad más propia de ser sí misma;

10   *Id., Ser y tiempo, op. cit.,* p. 304.

pero, como ya ha sido arrojada, solo podrá proyectarse hacia *determinadas* posibilidades *fácticas*.[11]

Aunque en su aislamiento la existencia se libera de las posibilidades ontológicas «insustanciales» del uno impersonal, lo cierto es que, al mismo tiempo, *siempre* se encuentra arrojada *ya* a determinadas posibilidades que están definidas y *templadas:* «La existencia, a la que es inherente una disposición afectiva, *siempre* está *ya* metida en determinadas posibilidades [...]».[12] La existencia no puede acceder a posibilidades ontológicas *que todavía no hay y que son solo venideras.* No es capaz de elevarse por encima de lo que *ya ha sido.* Haber sido es el tipo de temporalidad que corresponde a la situación existencial de haber sido arrojado. A la existencia «que se angustia» se le cierran las puertas del tiempo venidero como *advenimiento.*

La angustia constriñe radicalmente el *campo de posibilidades,* dificultando así el acceso a lo *nuevo,* a *lo que todavía no es.* Ya por este motivo se opone a la esperanza, que agudiza *el sentido para captar lo posible* y desata *la pasión por lo nuevo, por lo totalmente distinto.* Una analítica existencial que en lugar de basarse

11 *Ibid.,* p. 315 (cursivas del autor).
12 *Ibid.,* p. 163 (cursivas del autor).

en la angustia lo hiciera en la esperanza se encontraría con una constitución totalmente distinta de la existencia, y hasta con *un mundo distinto*.

Con su tendencia a aislar la existencia, la angustia no genera un nosotros que actúe autónomamente. Incluso la coexistencia es entendida por Heidegger desde el aislamiento, desde el ser sí mismo. La «forma propia de ser solícito», es decir, la verdadera relación con el otro, no se expresa como amistad, amor o solidaridad, sino que, por el contrario, debemos exhortar al otro a que abrace su sí mismo y se aísle radicalmente. Una yuxtaposición de personas aisladas cada una en sí misma no crea ninguna *comunidad*. La «forma propia de ser solícito» mina la *mancomunidad* y acaba con la *cohesión social*.

Heidegger desconoce por completo esa otra forma de ser solícito que consiste en consagrarse al otro con amor y afecto, en ocuparse *altruistamente* de él, que es lo que podríamos llamar *diligencia amorosa*. A la «forma propia de ser solícito» Heidegger opone la forma «impropia», que trata de dominar y sojuzgar al otro:

> Por así decirlo, uno puede quitarle al otro la responsabilidad de cuidar de sí mismo; puede atenderlo de modo que, al mismo tiempo, ocupe su lugar y lo *reemplace*. Cuando uno es solícito de esa manera,

se encargará de procurarle al otro lo que necesita, pero lo hará tratando de ocupar su lugar. [...] Atendiéndolo de esta manera, uno podrá sojuzgar y dominar al otro, incluso aunque ese sojuzgamiento sea tácito y el sojuzgado no sea consciente de ello.[13]

Esta forma de ser solícito con el otro «ocupando su lugar» y «atendiéndolo» es «impropia», porque *sojuzga* y *domina*. Pero ¿quién tendría interés en atender a otro sojuzgándolo? Con todo, no menos desconcertante era aquella forma «propia» de ser solícito con el otro que, en vez de sojuzgarlo y dominarlo, constantemente lo exhorta a abrazar expresamente su sí mismo más propio.

El desmoronamiento de todas las instancias *que infunden sentido y dan orientación* se manifiesta como angustia. Según Heidegger, ese desmoronamiento solo puede subsanarse desde el sí mismo. Pero él obvia las formas de existir en las que el yo se trasciende a sí mismo en su dedicación *a los demás*. Para Heidegger, todo gira siempre solo en torno al yo. La formulación que hace Gabriel Marcel de la esperanza, «pensando en nosotros, he puesto mis esperanzas en ti», no tiene cabida en la analítica existencial heideggeriana de la «existencia».

13 *Ibid.*, p. 142.

La esperanza no saca sus fuerzas de la inmanencia del yo. Su centro no es el yo. Quien tiene esperanza, está camino del *otro*. Cuando uno tiene esperanza, *confía* en algo que lo *trasciende*. En eso la esperanza se parece a la *fe*. La *instancia de lo distinto* como *trascendencia* es la que me alienta en medio de la desesperación absoluta, la que me capacita para *levantarme en el abismo*. Quien tiene esperanza es *sostenido por algo distinto*. Justamente por eso cree Havel que la esperanza tiene su origen en la trascendencia y *viene de la lejanía*.

El estado de ánimo tiene la peculiaridad de que, a diferencia del sentimiento o la emoción, no se refiere a *nada determinado*. Quien tiene esperanza no pretende en principio alcanzar *nada concreto*. En cambio, el deseo o la expectativa siempre se refieren a un objeto concreto. Por eso, podemos pensar en una *persona esencialmente esperanzada*. Por el contrario, sería absurdo que un sujeto fuera esencialmente expectante o desiderativo sin referencia a nada concreto, ya que la expectativa y el deseo no son estados de ánimo ni, por tanto, *estados ontológicos*.

Ernst Bloch concibe la esperanza como una emoción. Pero, frente a Heidegger, desacredita el estado de ánimo. Le niega la peculiar capacidad de abrirnos al mundo, que es en lo que el estado de ánimo se diferencia de la emoción. El estado de ánimo nos abre al *ser*, porque define y *templa* nuestra estancia en el mundo. A diferencia del estado de ánimo, la emoción no engloba la estancia en el mundo. En cambio, el estado de ánimo es anterior a toda percepción de objetos, puesto que, de hecho, la *fundamenta*.

Para Bloch, el carácter fundamental del estado de ánimo es la «indefinición»:

> Del estado de ánimo es esencial que solo se manifieste en su totalidad de forma difusa. El estado de ánimo nunca consiste en una emoción predominante y sobrecogedora, sino que siempre consta de una amplia mezcla de muchos sentimientos y emociones aún a medio gestar. Eso es justamente lo que convierte al estado de ánimo en algo tan cambiante, y lo que hace que, al mismo tiempo, el estado de ánimo se forme o se deforme tan fácilmente como esa realidad que percibimos en la vivencia impresionista (Debussy, Jacobsen) —por no hablar del caos sonoro, tan falto de intensidad y densidad, que precede al comienzo de toda pieza musical—. También Heidegger parte de esta indefinición impresionista cuando la describe, dejándose seducir al mismo tiempo por ella. [...] Pero Heidegger no fue más allá de este hallazgo tan obtuso, tan

deprimentemente paralizante y, a la vez, tan inane.[14]

El estado de ánimo tiene una intencionalidad totalmente distinta que la emoción. Solo parece *difuso* porque no se refiere a ningún objeto determinado ni, en general, a nada que tengamos enfrente. Es justamente su intencionalidad no referida a ningún objeto, pero que define y *templa* por anticipado toda percepción, la que lo hace parecer *difuso*. Sin embargo, en realidad, siempre está totalmente determinado y *templado*. Frente a lo que supone Bloch, el estado de ánimo no deforma, sino que da forma. Es un *estado de ánimo general,* que configura la forma básica de estar en el mundo. Es lo menos parecido a la «realidad que percibimos en una vivencia impresionista». Antecede incluso a la vivencia, la cual siempre se produce *posteriormente*. Bloch no capta esta *anterioridad* del estado de ánimo.

El estado de ánimo *abre* el mundo *en cuanto tal, antes* de que en él aparezca *nada*. Lo suyo es el *preludio* de la percepción. El estado de ánimo es anterior a la emoción, la *precede*. Por eso, nos *templa* más y está él mismo más *templado* que toda «emoción predominante y sobrecogedora».

14 Ernst Bloch, *El principio esperanza I, op. cit.,* pp. 137 s.

Impera sin sojuzgar, sin sobrecoger. En eso radica la *prioridad ontológica* del estado de ánimo sobre la emoción.

La esperanza como *estado de ánimo básico* no está sujeta a ningún suceso intramundano. No depende de cómo acaben saliendo las cosas. Si queremos entender la esperanza como una emoción, pasaremos por alto tanto su peculiar naturaleza de estado de ánimo como también su *gravidez,* de la que está impregnada la existencia entera. A diferencia de la esperanza, la expectativa y el deseo están vinculados a un objeto o a un acontecimiento intramundano. La esperanza es *abierta,* se dirige a lo *abierto.*

También la fe presenta dos intencionalidades distintas. La fe como *fides qua creditur* (la fe con la que se cree) es una *actitud básica.* Por eso, podemos hablar con sentido de una persona creyente. Como actitud básica, esta fe no está sujeta a ningún contenido concreto de fe. En cambio, la fe como *fides quae creditur* (la fe en la que se cree) sí tiene un determinado contenido de fe.

A diferencia de la expectativa como *spes quae* (esperar que), la esperanza como *spes qua* (tener esperanza) se eleva por encima de los sucesos intramundanos. Como *estado del espíritu,* tiene una intensidad y una hondura que le vienen justamente de la falta de objeto intencional. Por eso, comenta Gabriel Marcel que, «gracias a su propio *nisus* [ímpetu], la esperanza siente un insuperable apremio a trascender los objetos particulares a los que inicialmente parecía aferrarse».[15]

Desde el momento en que ya ha sido «arrojada», la «existencia» de Heidegger no es *dueña de su ser*. No puede hacerse con su ser. El haber sido arrojada la restringe en su libertad: «La existencia está arrojada, *no* es ella misma la que se ha traído hasta su aquí».[16] Que la existencia ha sido arrojada significa que ella *no* es el fundamento de su propio ser: «Que la existencia *no* sea el fundamento de su ser forma parte del sentido existencial del haber sido arrojado».[17] Haber sido arrojado se hace sentir como *carga* o como *peso*. Para Heidegger, incluso los estados de ánimo festivos subrayan que la existencia es un lastre:

> Y, a su vez, el temple festivo puede exonerar del evidente lastre de ser; también esta posibilidad anímica revela que la existencia es una carga, aunque sea en el modo de exonerarnos de ella.[18]

La existencia no puede desprenderse de su carga existencial. Nada la libera de su carácter de lastre.

---

15 Gabriel Marcel, *Philosophie der Hoffnung, op. cit.*, p. 32.
16 M. Heidegger, *Ser y tiempo, op. cit.*, p. 300.
17 *Ibid.*
18 *Ibid.*, p. 153.

En *Ser y tiempo* no aparece la *festividad,* que sería lo opuesto a la «*cotidianidad*». Fuera de la «*cotidianidad*» solo hay *angustia.* La *festividad* se opone diametralmente a la «*cotidianidad*». La existencia heideggeriana *trabaja* ininterrumpidamente. Su mundo y su entorno son, en definitiva, un *taller.* Desconoce la *fiesta* como lo *distinto del trabajo.* El sentimiento festivo es un estado de ánimo, un entusiasmo que también deja atrás la *preocupación,* declarada por Heidegger el rasgo fundamental de la existencia. Cuando el hombre *festeja se olvida de sus preocupaciones.*

En un pasaje de *Ser y tiempo,* Heidegger menciona fugazmente la esperanza:

A diferencia del miedo, que se refiere a un *malum futurum,* la esperanza se ha definido como la espera de un *bonum futurum.* Pero lo decisivo para la estructura de este fenómeno no es tanto el carácter *futuro* de aquello *a lo que* se refiere a la esperanza, cuanto, más bien, el sentido existencial del *propio esperar.* El carácter afectivo estriba también aquí, primariamente, en el *esperar* en cuanto que *esperar para sí.* Por así decirlo, el esperanzado sale al encuentro de lo esperado incluyéndose *a sí mismo* en la esperanza. Pero eso presupone haberse hecho consigo mismo. Que la esperanza

—a diferencia de la deprimente medrosía— *alivie,* solo significa que, como disposición afectiva, también ella queda referida a una carga, pues se refiere a ese modo de *ser* que es haber sido.[19]

Heidegger tergiversa aquí el fenómeno de la esperanza para hacerlo encajar a la fuerza en la arquitectura de su analítica existencial de la «existencia». Para empezar, la reduce a «esperar para sí mismo». Pero la esperanza nunca gira en torno al yo. Tampoco se caracteriza principalmente por el hecho de que «uno se ha hecho consigo mismo». Quien tiene esperanza *se trasciende a sí mismo.* La fórmula básica de la esperanza es «confiar en». Con la expresión «pensando en nosotros, he puesto mis esperanzas en ti», Gabriel Marcel resalta esa dimensión de la esperanza en la que el yo se trasciende en un *nosotros.*

Esperanza, fe y amor están emparentados. Achim vor Arnim las llama «las tres bellas hermanas».[20] Cada una de ellas se consagra a las *otras.* Quien tiene esperanza, ama o cree, *se* entrega al *otro* y trasciende la inmanencia del yo. En cambio, en el pensamiento de Heidegger no tienen cabida el amor ni la fe. A ese pensa-

19   *Ibid.,* p. 360.
20   Achim von Arnim/Clemens Brentano, *Des Knaben Wunderhorn. Alte deutsche Lieder,* Frankfurt, Fischer Taschenbuch, 2011, p. 132.

miento le falta la dimensión del *otro*. Quien no sea capaz de dejar de pensar únicamente en sí mismo no podrá amar ni tener esperanza.

Aunque la existencia heideggeriana logre salir de su caída en la *cotidianidad,* será solo para «angustiarse *por* el poder ser».[21] Le son irrelevantes los estados de ánimo festivos y los entusiasmos. Siendo consecuente consigo mismo, Heidegger sostiene que existir es una carga. Incluso atribuye también a esa carga el hecho de tener esperanza. Pero lo cierto es que la esperanza es un temple festivo que nos exonera del lastre existencial. La esperanza *descarga* o alivia a la existencia. Nos infunde unas ganas y un afán que nos elevan por encima del «haber sido arrojados» y nos exoneran de la «culpa». La existencia heideggeriana *no puede ser exculpada.* La *gracia* es imposible. Sin embargo, precisamente la esperanza es receptiva para la *gracia.* Heidegger tampoco acierta a captar la temporalidad de la esperanza cuando la entiende desde «ese modo de *ser* que es haber sido». En cambio, el modo característico de la esperanza es el de *no ser aún.* Heidegger desconoce esa forma de *tiempo venidero* que es el *advenimiento.*

La esperanza nos sensibiliza para posibilidades a las que no hemos sido *arrojados,* sino en las que *entramos soñando.* La existencia

---

21 Martin Heidegger, *Ser y tiempo, op. cit.,* p. 281.

heideggeriana no sueña hacia delante, con la mente puesta en el futuro. Es incapaz de soñar despierta. Y, si lo hiciera, ¿qué vería? Solo se vería a sí misma atormentada por malos sueños y pesadillas. La angustia tiene cerradas las puertas al futuro como ámbito de posibilidades. La angustia no es previsora ni visionaria. En cambio, la esperanza nos abre las puertas al futuro, a lo venidero, a lo nonato, a lo latente, a lo que aún se está gestando. La esperanza es un *estado de ánimo mesiánico*.

El pensamiento heideggeriano es griego porque se orienta por lo *sido,* por la *esencia* como el campar de lo que ha sido. Por eso, Heidegger también define lo posible en términos de «esencia». Lo posible no es lo venidero, lo que todavía no ha existido hasta ahora. Lo futuro en cuanto que lo posible y deseable solo significa para Heidegger la posibilidad de dar libertad a una cosa o a una persona para que campe como esencialmente es, la posibilidad de «brindarle el campar esencial», la posibilidad de dejar que algo o alguien campe como lo que ha sido.[22] Heidegger piensa también la capacidad en términos de *gustar:*

Que algo sea posible no nos garantiza sin más que seamos capaces de ello, pues ser

22   *Id.*, *Hitos*, Madrid, Alianza, 2001, p. 261.

capaces de algo significa haber permitido que, en atención a su esencia, eso pasara a formar parte de nosotros, y que nosotros lo preservamos fervorosamente una vez que ya es parte nuestra. Por así decirlo, solo podemos ser capaces de aquello que ha pasado a formar parte de nosotros y por lo que, por tanto, sentimos apego. Así pues, se podría decir que solo somos capaces de aquello que nos gusta. Pero, en realidad, solo nos gusta aquello a lo que previamente hemos gustado nosotros, y a lo que hemos gustado por lo que nosotros somos esencialmente; solo nos gusta aquello a lo que gustamos porque siente inclinación por nuestra esencia.[23]

En Heidegger todo gira en torno a la esencia, en torno a lo sido. No hay ninguna apertura que nos saque fuera del cierre de la esencia. Siempre se trata de captar o de preservar las cosas en su esencia, es decir, de preservarlas en lo que han sido. Es la esencia, en cuanto que lo sido, lo que nos gusta y a lo que nos acercamos, *pero no hacia delante, sino hacia atrás; no soñando, sino recordando*. Siempre se trata de *preservar*, nunca de *osar*. La diosa que guía el pensamiento heideggeriano no es *Elpis*, sino

23   *Id.*, *Conferencias y artículos*, Barcelona, Ediciones del Serbal, 1994, p. 113.

Mnemosine. Ser es haber sido. El ser como haber sido debe ser arrancado de un olvido tenaz. La verdad como «estar al descubierto» debe serle arrebatada al «ocultamiento de la esencia que aún no ha sido sacada al descubierto».[24] El pensamiento heideggeriano está atrapado entre el olvido y el recuerdo. Por eso, tiene cerradas las puertas a lo que vendrá, es decir, al *tiempo venidero como advenimiento*.

El pensamiento heideggeriano es insensible para lo *posible* y para lo *venidero*. Lo posible y lo venidero trascienden la esencia, que es el campar de lo que ha sido y cuya expresión para nosotros son los objetos de nuestro *gusto* y de nuestra *capacidad*. El pensamiento heideggeriano se cierra a lo *radicalmente nuevo*, a lo *totalmente distinto*. Está *camino* de lo *sido,* de la *esencia,* de *lo que campa como habiendo sido*. La angustia es, en definitiva, angustia ante la muerte. Lo que define y *templa* el pensamiento heideggeriano no es el *nacimiento,* sino la *muerte*. De tanto centrarse en la muerte, se ha quedado ciego para lo que todavía no es, para lo *nonato*. Por el contrario, el *pensamiento de la esperanza* no se rige por la muerte, sino por el nacimiento; no se rige por la «estancia en el mundo», sino por la *venida al mundo. La esperanza espera incluso más allá de la muerte*. La andadura del pensamiento espe-

24   *Id., Hitos, op. cit.,* p. 336.

ranzado no es el «adelantarse hacia la muerte», sino el *adelantarse hacia el nuevo nacimiento*. La clave fundamental de la esperanza es *la venida al mundo como nacimiento*.

Índice de imágenes

8-9   *Für B. Han, das Bewußtsein der Steine* (Para
      B. Han, la conciencia de las piedras).
      Foto a modo de carta con dedicatoria
      de Anselm Kiefer a Byung-Chul Han.
30-31 *Questi scritti, quando verranno bruciati,
      daranno finalmente un po' di luce* (De
      la quema de estos textos vendrá por
      fin algo de luz), detalle, 2020-2021.
40-41 *Die Nornen* (Las Nornas), 2022.
57   *Émanation* (Emanación), detalle, 2020. Ins-
      talación en el Panteón de París.
75   *Hortus Philosophorum* (El jardín de los filó-
      sofos), 2003-2021.
90-91 *Demeter* (Deméter), 2023.
110-111 *Steigend, steigend sinke nieder* (Desplómate as-
      cendiendo, ascendiendo), 2020-2023.
124-125 *String-Theory* (Teoría de cuerdas), 2012-2018.

Las fotos de todas las obras reproducidas son de Georges
Poncet, excepto la de las páginas 8-9.